孙正义的超强数据化工作法

[日]三木雄信／著
杨玲／译

人民东方出版传媒
People's Oriental Publishing & Media
東方出版社
The Oriental Press

序言　让数据成为最强帮手的工作法

三木雄信

“用数据来思考一切。”

“思考前做数据统计，讨论前也要做数据统计。”

“不会用数据说话那就走人！”

“这个数据有问题。百分比的分子和分母分别代表什么？”

如果上司这么问，你会怎么想？

“数据、数据，不用那么强调吧……”

这或许多少会让人觉得有些厌烦，对数据不敏感的人恐怕就更是如此。而我有段时间几乎每天都被上司用数据如此狂轰滥炸。这位上司就是软银集团的社长孙正义。

我将在这本书里介绍我从孙正义社长身上学到的“数据化工作法”。

“生意场上，数据至关重要。”这句话或许你已经听得耳朵都要长茧子了。还有很多人不堪于公司和上司所要求的“以数据为依据”“用数据证明业绩”的压力。但是，我在这里要介绍的孙正义的“数据化工作法”则完全不同。它不同

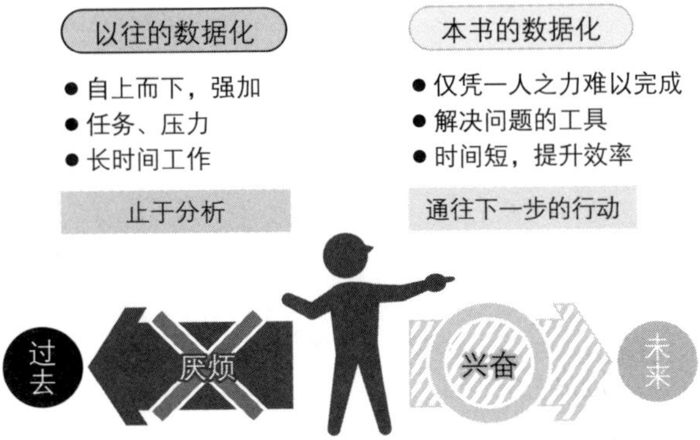

于日本常见的自上而下强加于人的“被动式数据化方式”，而是一种由下而上，以下推动上的“主动式数据化方式”。也就是说，将数据变身为武器，基层员工可以通过下情上达的方式说服高层，以达成自己所想。

怎么样？是否有些动心了呢？

那些一听数据就心烦的是不是也有些好奇了呢？

“数据化”是解决问题最有效的方法

我 25 岁加入软银集团，当时被分配到社长办公室，跟着孙正义社长参与了许多公司项目。例如：

在微软合资企业开创了专营二手车信息服务的“车要点”（现“carview”）项目。

与美国纳斯达克市场合作开设了日本纳斯达克证券交易所。

收购日本债券信用银行（现“青空银行”）。

开通了ADSL业务——“Yahoo!BB”。

粗略列举一下也都是这样的大型项目，无论其中哪一个，在日本几乎都是史无前例的全新挑战。因为都是从零开始，没有哪一个进展顺利过。公司里总是硝烟四起，问题接二连三，还都闻所未闻。而最后，解决这些问题的关键可以说都在于“数据”。

首先通过数据把控现状，其次对现状进行分析，寻找问题所在及其根本原因，有针对性地拿出解决方案并实施。之后再次用数据对结果进行把控和分析。以此循环式流程快速运转，高效迅速地解决问题，这就是孙正义的“数据化工作法”。

当然我也得到了这一工作方法的彻底培训。而且，由于我在社长办公室这样一个距离社长最近的地方工作，毋庸置疑，接收到的指令也都具有高难度。刚开始要达到这些要求非常辛苦，但随着对“数据化工作法”日渐熟悉，很多事情以惊人的速度得到解决，我自己也在亲身体验自己解决问题的速度日渐加快。与此同时，对本书开头部分提到的孙正义社长说的那些话也日渐理解深刻了：

“数据化”就是这么个强有力的解决问题的工具。

“数据化工作法”使工作效率飞跃性提升

在我逐渐熟练掌握“数据化工作法”之后，不仅孙正义社长，公司里很多人都来找我帮助解决问题。在他们看来，似乎只要交给我就总会有办法解决。听起来好像很厉害，但实际上也就是个万金油外带收拾烂摊子。

所有项目中最不容易的当数Yahoo!BB。业务一开始便收到了大量申请，但另一方面ADSL的开通工程大幅延迟，客服中心接连不断地接到投诉和咨询的电话。孙正义社长得知这个消息后，和以往一样对我说“你去解决”。于是我便成了客服中心的主管，负责所有问题的处理。具体过程我会在本书中做详细介绍，而其中发挥了最大作用的自然是“数据化工作法”。

平息了如此混乱的局面之后，也使我更加确信数据化的巨大威力。后来，在我离开软银集团自立门户之后，作为“解决问题的专家”仍然有很多企业和项目前来找我。另外，以外部董事的身份，我还数次帮助不同的企业针对他们自身难以解决的问题提出解决方案并加以解决。例如，有一家从事网络广告的公司在采取了我建议的“数据化工作法”之后，不仅成功摆脱了赤字，股价也猛涨到过去的10倍。

我还有幸受邀参与过国家和政府项目。例如，曾一度引起社会骚动的养老金记录不全问题爆发之际，我就受邀参加到当时社会保障局组建的工作委员会中，专门负责处理退休金登记疏漏这一重大社会问题。当时需要确认编号的材料堆积多达 500 万件，但在我运用数据化工作法之后，一年的工作效率就翻了 3 倍。

数据化误用现象大肆蔓延

现在我正全身心地经营自己的英语一年速成培训机构“TORAIZ”。我们奉行的宗旨是：一年内保证能够流利地说英语，而且提供与以往英语培训机构不同的新服务。可也因此同软银集团一样，接连不断地出现了很多前所未有的问题。不过，这些问题也都通过数据化快速地得到了解决。结果，于 2015 年春天，业务开通一年之后便迅速实现了盈余，并在东京、千叶、大阪一共开设了 6 所分店。并拟定了今后开店的计划，企业规模也在急剧扩大。另外，在我们公司基本实现了零加班。

随着 TORAIZ 业务的不断扩大，员工的工作量也在不断增加。但由于每位员工都能高效地开展工作，因此我对公司的生产效率有着高度的自信。这全都是“数据化工作法”的功劳。

虽说如此，正如上文所述，不用我再多说，大家也都知道数据化工作法吧。在我迄今为止的著作中，我多次强调数据化的重要性。可是，每当我演讲时，还是一如既往地被问到这样的问题：

我知道数据化很重要，但是，应把什么内容进行数据化呢？

如何进行数据化分析，并运用到工作中去，关于这一点我还是不明白。

尽管大家能够理解必须进行数据化，但对于具体如何将其应用于自身工作以及业务上还没有头绪，这些苦恼和疑惑我听过很多。最近，统计学书籍大受青睐。很多人开始关注数据化以及数据分析。但是，大多数人认为即使读了统计学或数据分析的书，对自己的工作也没有丝毫帮助。另外，我也经常听到这样的质疑：

公司已经有大量数据，为了制作这些资料，员工都在拼命工作。可即便如此，销售额和利润完全没有提高。数据化何止是没用，简直就是在浪费时间啊！

的确，我也承认存在这样的现实。很多企业重复着没有意义的数据化工作，从而陷入“数据梗阻”、生产效率低下以及员工士气消沉的困境。特别是那些业绩不好的企业，这一倾向尤为明显。但是，这些都是误用数据化导致的。

所谓数据化终究只是达成目标的工具而已。为了数据化而数据化完全没有意义。数据化误用的蔓延说到底是经营管理者的责任。但遗憾的是在日本能够正确并熟练使用数据的管理者实在太少了。话虽如此，但是基层员工只是一味抱怨高层无能，实际上并不能解决眼前的问题。

那些高级的统计学知识和数据图表制作方法，统统不需要

那么，到底如何是好呢？解答这一疑问就是这本书最大的目的。

孙正义社长灌输给我的数据化工作法，在我处理无数问题的过程中不断得到完善。我想把这一工作法告诉更多的人。基于这个想法，我希望商务人士能够快速解决所面临的问题，并摆脱“数据梗阻”，从而重新焕发活力。这就是我写这本书的初衷。

第 1 章介绍数据化的功能以及数据化工作法的基本情况。有些内容可能是老生常谈，但是我经常被问到的“将什么进行数据化”这一问题，至今还没有谈论过。第 2 章详细介绍数据分析法。这里将介绍“七种工具”，只要能够熟练掌握，就可以处理工作中的绝大部分问题，同时介绍一些简便的工具，如 Excel 的数据分析法等。第 3 章针对使用数据化却未能解决问题的原因，以及持续“误用数据化”而容易陷入的误区进行说明。第 4 章介绍与数据相关的各种各样的规律和理论。你的身边应该也有擅长数据的人，那是因为这些人多多少少了解在商务上有用的规律和理论。第 5 章集本书之大成，

以软银集团的“三维经营模式”作为学习案例。人们容易将软银集团的快速发展归功于孙正义聪明的头脑和灵敏的商业嗅觉，但实际上无论哪项战略性举措背后都有确凿的数据支撑。因此在这一章中，将以软银集团的经营模式为例，来解开至今为止介绍的数据分析法以及数据的相关规律是如何应用到实际中去的这一谜题。

本书中介绍的数据化以及数据分析的方法皆可通过 Excel 表格轻松实现。一元回归分析法、多元回归分析法、帕累托图分析法……一听到这些，你可能会想“必须要掌握高级的制表方法才行”，但其实并不需要。只要按照这本书中写的去做，你就会惊奇地发现原来这么简单就可以做到。当然，也不需要学习统计学的专业知识和复杂的数学理论。对数学盲效果更加显著！即便如此，可能还是会有很多人认为自己并不擅长数学。应该还有很多人只要一听到“数据定量”“数据积累”“数据压力”等带有“数据”的词，联想到的就都是些负能量的词汇，因为那些都是被人强加于身的数据。

孙正义社长独有的数据化工作法的基本准则就是“为解决眼前问题，要自己主动去收集处理数据。为了完成自己想做的事，实现自己定下的目标，我们需要收集最有用的数据。在熟练掌握并从容运用这些数据的同时，逐步跨越眼前的障碍，实现最终的目标。这就是本书介绍的数据使用法。

无论怎样的难题，只要体验一次那种游戏闯关成功的成就感，就会切实地感受到数据这个工具是多么得力的帮手。

迄今为止，越是那些对数据敬而远之的数据盲，越能感受到它的效果。而且，肯定会觉得数据越用越有趣。届时，您的工作肯定会结出超越以往的成果。

目　录

第 2 章　解决问题的利器：数据分析的七种工具

第 3 章　常见的数据化误用以及需警惕的三个陷阱

第 1 章

数据化工作法的优越性及七大要点

无论是什么企业，工作中每天都会出现问题。主管无论是反复思虑，还是实地与员工进行沟通，依旧想不出打破僵局的办法的情况也时有发生。我在软银集团工作的时候也是如此，公司内部到处出现这种状况。而不知为何，孙正义社长却对我说："三木，你去想办法解决。"

他好像特别期待我能够胜任"解决问题专家"这个类似"万能清扫工"的角色。而这项工作在我离开软银，自立门户之后还在继续做。那些绞尽脑汁仍无法解决问题、几乎走投无路的企业以及机构都会向我求助，我作为外部董事及顾问等长期不间断地处理了很多难题。当中有苦于发展萎靡的初创企业，也有被养老金记录不全问题逼到绝境的原社会保险厅这样的政府机构。

然而无论接手什么样的工作，我一直在做同样的事情，那就是尝试将问题数据化。数据化之后，问题的本质就会渐渐明晰，这样一来就相当于解决了问题的一半。

第 1 章首先回答"为什么数据化之后问题能够得到迅速的解决"这一问题，之后介绍数据化工作法的"七大要点"。

孙正义社长执着于数据化的原因

无论是哪位商务人士或多或少地都带着数据意识在工作。销售人员会关注本月的销售额，网络市场营销主管会关注网站的访问量以及转载量，人事主管会关注应届毕业生的应聘人数以及员工的离职率等。倒不如说，完全不关心数据的人反而非常少。企业经营者和管理层人员更是如此。因为，无论是中长期的经营计划还是平时的预算管理、成本管理，运营一家企业必然要涉及的事项全部都是以数据为基础展开的。

但是实际上，到底有多少人真正了解数据的威力，并将其运用在工作中呢？当被问到这一问题时，大部分的人恐怕要在心中画上一个问号吧。而在这种情景下，孙正义社长对数据的执着程度却远远超越了其他经营者。我也曾经近距离地观察过美国雅虎的骨干以及许多国际知名企业家的工作状态。这让我更加确信孙正义社长对数据的执着程度已经达到世界顶级水平。

由于在这样的经营者身边工作，软银的员工自然而然地需要学会“用数据思考、用数据说话”。董事以及管理级别的人自不必说，连基层一般员工都在贯彻这一方针。即使在日常的汇报、沟通和商议中，人们只和拿数据说话的人交谈。这是软银集团的企业文化。

若被孙正义社长叫来开会，他会连珠炮似的问你：为什么和上月相比是 110% ？怎么能增长到 130% ？ 130% 难吗？！有什么依据？而我曾数次看到企业骨干们无言以对落荒而逃的样子。尤其是作为社长办公室秘书长的我，相伴在孙正义社长身边工作，就更不用说，从未被手下留情过。也正因如此，我才能将“一切用数据来考虑”这一商业基本技能变成自己的东西。

只有当目标被数据化之后，人才能真正行动起来

孙正义社长为什么如此执着于数据？那是因为他比任何人都知道数据化的好处。数据化最大的好处之一就是可以让我们看到，为达成目标我们需要实施哪些具体步骤。

各位从自身以往经验中应该可以体会到这一点。比如说：只想着“希望减轻体重”的话，减肥大多无法开始。那么，数据化之后会怎样呢？但如果是“三个月内减掉 6 公斤，即每周减 1 斤”的目标，那谁都能明白。这样，“如果每周减 1 斤，那么稍微减少晚饭的量便有可能实现”。这样一来，需要具体做的事便很明确了。因此，当人们知道自己接下来具体该如何做的话，便很容易开始朝着目标出发。也就是说，将目标数据化之后人们才能真正行动起来。

同时，数据化具有提高行动力的效果。减重也同样，只要每天测量并记录体重，就可以想着“还有 3 公斤就能达到目标，加油！”因为只要进行数据化就可以看到自己努力的成果，明确与目标间的距离，也就更有努力下去的动力。

销售额停滞？何不用数据分析一下问题

在工作以及商业问题的解决上，数据化也有着同样的效果。将问题数据化之后，下一步的具体行动就会更清晰，人们也会更积极主动地去解决问题。这是因为用数据表示问题，能更精准地把握现状，明确问题的本源所在。乍一看乱麻般理不清的混乱状态，进行数据化之后就能找到问题所在，由此也必定能找出解决问题的方法。

有一家企业的销售部一直在烦恼如何能提高销售额。为了能约到客户面谈，便增派人手，拼命打电话，销售人员经常熬夜加班，在外跑业务，但情况依旧没有好转。

我接手这一问题时，将问题进行了数据化处理。不仅需要拿出整体销售额和订单数据，还需要“新增顾客数”和“连续下单数据”，此外，我建议他们将这些数据按照“地域”“职业”等类别进行调查。最后，通过调查得出以下两点结论。

虽然新客户的数量在增长，但两次以上的持续下单率却很低迷。

美容业的持续下单率以绝对优势领先，而其他行业总体都较低。

由此可见，在正确把握现状的同时也找到了问题的核心所在。核心在于两点：一是好不容易争取到的新客户迅速终止了合约；二是跟没有希望继续交易的对象耗费了过多精力。

至此，下一步该做的事也就很明确了。那就是集中精力针对美容行业展开营销。因此销售部的主管们放弃了广撒网式的电话营销，开始针对客户名单中的潜在客户，聚焦美容行业进行推广。结果大部分新客户不仅续约，累计订单数量也顺利上升，整体销售额也实现了增长。

就像这样，数据化之后再难的问题也能找到解决的办法。而且，能大大缩短解决问题花费的时间。这也是孙正义社长如此执着于数据并充分发挥数据威力的原因。

软银集团自创立以来，不断开拓一个又一个新领域。从软件销售开始起家，创立网络搜索引擎“Yahoo!JAPAN”，参与 ADSL 业务，开始进入手机行业并独占 iPhone 销售权，利用机器人 pepper 的开发趁势打入机器人产业……而且，这些都在短时间内得以实现。

打入这些既没有经验也没有技术积累的未知领域，必然会发生各种各样的问题。但即使如此，软银集团能如此快速发展可以说完全是得益于“问题数据化”的工作方法。由于孙正义社长以及员工们有效运用了这一技能，软银以高于其他公司几倍甚至几十倍的速度迅速解决了问题。也正因为如此，当初白手起家的一家小型初创企业才能够在短短35年间成长为市值总额达10万亿日元的大型企业。

数据化告诉我们“该从哪个问题着手”

当商业贸易以及工作进展不顺利时，许多问题同时爆发的可能性很大。销售额提不上去，顾客的投诉越来越多，为了应对这些问题，员工们频繁加班，因过度疲劳而辞职的人也不断出现。就像负能量的连锁反应一样，公司上下到处火山喷发。我想经历过以上情况的人应该不在少数。

但是，一举解决所有问题并不现实。能用在处理问题上的人力、精力以及财力等都是有限的。因此，必须选出需要优先解决的事项。但话又说回来，即使开会讨论解决方案，也极少能够形成统一意见。有人主张“应当增加销售员数量”，有人坚持“下功夫搞好促销宣传活动”，还有人提议“雇用专门处理投诉的专家”。所有人都站在各自的立场说话，导致意见难以达成一致，或者由于问题太多不知从何下手以至穷途末路的企业案例也真实存在。这个时候，数据化便是最强有力的帮手。因为只要进行数据化就能明确着眼点，找到入手的地方。

我在软银的那段时期，担任 ADSL 业务 Yahoo!BB 客服中心的主管。当时，负责介绍业务的客服中心每月会接到超过100万个客户电话。内容繁杂，有关于业务的咨询，也有对软银的意见和投诉等，总之电话数量非常庞大。

如果那样持续下去，业务成本以及客服员工的开支将会持续膨胀。更严重的是由于针对业务咨询无法准确地做出回应，会导致千辛万苦争取到的客户资源流失。因此对当时的我来说，及早找出解决办法已是迫在眉睫。

解决20%的问题相当于整体上解决了80%

然而在听取基层员工的意见时，大家却各持己见。例如，"在网站上增设'常见问题'一栏，这样客户就不必事事打电话咨询客服了。""受理产品咨询的代理商销售人员应该对产品做更加详细的说明。""为提高客服人员的应对能力，是否应该对他们加强培训？""或者干脆缩短客服中心的服务时间吧！"

像这样即使收集到再多的提案，依然无法弄清楚"应该从哪个问题开始入手"，也梳理不出解决问题的顺序。所以我让工作人员将客服中心收到的业务咨询和投诉的记录全部打印了出来。之后，在客服和公司员工的帮助下，把这些资料按内容的不同进行了分类。而且并没有什么严格的标准，只是一个粗略的分类。比如这是关于调制解调器质量的，这是关于使用方法不明确的，这是对销售的投诉等，一边粗略地看一边就进行分类，大致分开就可以。

因为我让他们大致分为七类，所以最后在我面前出现的就是七座小山。其中有两座，明显比其他的要大很多。一目了然，这两类占到了整体的 80%。也就是说，只要解决这两个问题，就相当于解决了问题的 80%。如此一来，该从哪里下手也便一目了然了。

判断解决问题的先后标准就是“解决哪个问题能带来明显成效就从哪个问题下手”。显然，材料堆积如山的这两类问题必须要最优先解决。如果是调制解调器的质量问题，那就交给质量管理部门或者调制解调器的制造商处理；如果是使用方法的问题，就去完善产品使用说明书和网站的 FAQ；如果是对销售的投诉，就去改善销售手册，或重新制定对代理商的指导体制。像这样，只要知道解决问题的先后顺序，具体的行动也就明确了。之后，带着适度的紧迫感将解决方式付诸行动就可以了。

大家应该都听说过“二八定律”。这一定律说的是：任何一组东西，20% 的因素决定了 80% 的成效。解决实际问题时，我们可以认为只要解决 20% 的问题，整体完成度就能达到 80%。客服中心的案例很好地证实了这一定律。

数据化能让我们找出解决成效最大化的那 20% 的问题，并由此能迅速提升解决问题的速度。各类问题频发，茫然不知所措的状况下，也能以最短的时间和最快的速度改变现状，解决问题。

无的放矢的提议和建议喊得再响也不能采纳

如果不进行数据化，我们将很难客观得知哪些问题是“解决之后成效显著的问题”。我在听取客服的意见时发现，人的意见很容易带有主观性。有人坚信过去的成功经验，有人和其他部门存在隔阂，还有的下意识地在维护自身利益。也就是说，人们的思想中各种因素错综复杂地交织在一起。因此很多时候只有通过数据化来明确客观事实，才能发现那些平时被忽略的事情才是最大的问题。

最危险的就是，只采纳那些地位高或者喊得响的人的意见。正如上文的事例那样，当销售额提升不上去，又不能将客观事实呈现出来的话会有什么后果呢？召集一个极其冗长的会议，结果却很可能就是公司领导的一句怒斥：“说到底还是你们干劲不足！销售人员都给我更加鼓起干劲，把业务跑起来！”

这样的情况，大家必定无言可辩，之前所有的讨论也会全部白费。无论提议和意见怎样无厘头，下属也都只能顺从，而且问题也永远也得不到解决。这恐怕是最低效的行为了吧？

这样的企业迟早会被淘汰。

但是另一方面，**无论对谁来说，数据都意味着不容辩驳的事实。**这个数据无论是公司社长提供的还是新人提供的都毫无干系。数字“1”那就是“1”。再了不起的人或者声音再大的人都无法改变这个事实。这就是孙正义社长执着于数据的原因。

大家可能会觉得孙正义社长是坚持己见的独裁者，但事实恰好相反。无论对方是下属、年轻的新人，还是初次见面的客户，只要是正确的想法，即使与自己意见相悖，他也欣然采纳。他完全不在意对方的地位和身份。

那么，怎样去判断是否正确呢？标准就是“数据”。

孙正义社长不会凭借主观的好恶去判断人们的意见和想法。能用数据证明这样做可以出成果的话就通过，不行就驳回。正是秉持如此直接的想法，再大的问题摆在眼前也能选出最佳的解决方案，并迅速付诸实施。

但多数企业当中都存在这样一个传统，那就是只要是上司说的，白的也能变成黑的。因此人们习惯于只按照上司的命令去做，自己却不做过多思考。这也造成了目前许多企业无法解决自身存在的各种问题，也无法具备在这个变化莫测的时代里生存下去的竞争力。为了摆脱低迷的状态，每个人都应该主动地选择用数据思考、用数据说话。

上司没行动是因为没有使用数据

数据化可以使那些纸上谈兵的上司和光有大嗓门儿的意见得不到通过。从相反的角度来看，数据化还可以使那些一直被忽略的一线员工以及年轻的新人的意见得以通过，成功说服上层。上文叙述的 Yahoo!BB 客服中心的案例也证明了数据可以说明一切。

将客服中心收到的咨询内容进行分类处理，得到的结果就是弄清了对调制解调器质量的投诉最多，这也致使我试着进一步探究其深层原因。分析发现，只要调制解调器质量的投诉减少，客服中心的咨询率就能从 5% 降到 4%。如果换算到每一通电话的成本上，则咨询率每减少 1%，每个月就能削减 4000 万日元的成本。我把这些数据报告交给销售组，告诉他们解决方案就是要求调制解调器制造商提高产品质量，于是提议很快就得到了落实。

“对调制解调器的投诉太多了，请您帮忙解决。”若只是如此说服上级的话，恐怕他们不会有所行动。但若是在客观数据的事实基础上提出“如果这一问题得到解决，会对公司的经营产生如此之大的好处”，那么上层的人也会接受并主动行动起来。说白了，**如果不把数据换算成金钱，上级便不会把它当成自己的问题来解决。**

上级只会命令基层的问题基层自己解决。想让上级拥有责任意识，让懒散的上级行动起来，那就把公司即将损失的金额摆在他们眼前。如果不这样的话，无论何时也无法从根本上解决问题，直接面对问题的员工们只会身心疲惫。因此，面临难题的一般基层员工和年轻的新人更应该运用数据化方法。

如果为解决这个问题进行投资，就会得到这么大的利益提升。

将这一说辞用数据展现出来就是说服上司最有效的方法，也是下级驱动上级最有力的武器。

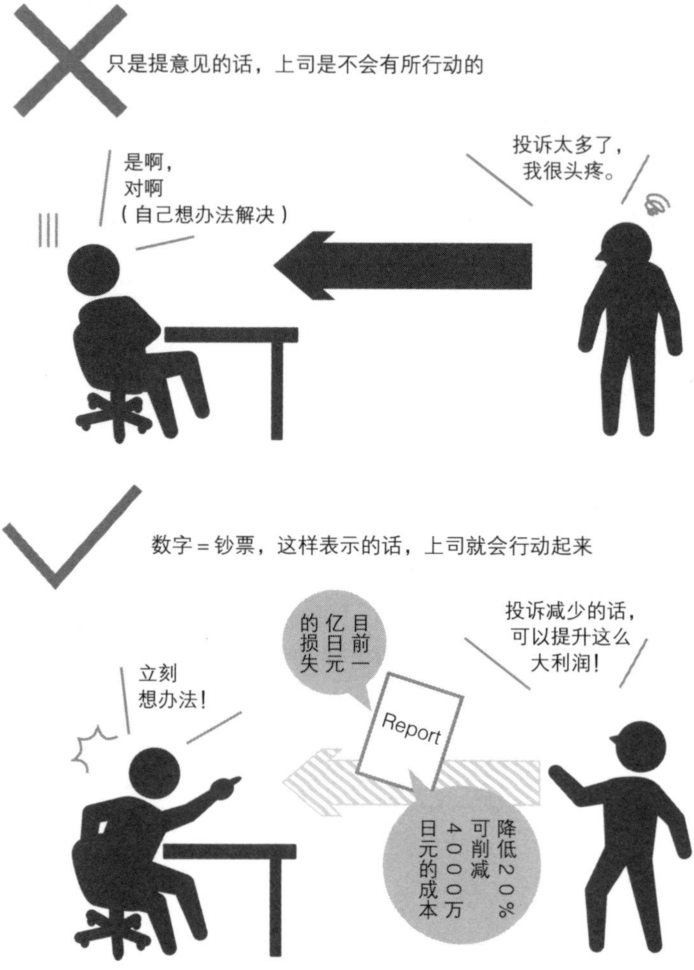

图1　数字是驱使上级行动的最强武器

实践“数据化工作法”的七大要点

讲述到此，相信大家能体会到将问题进行数据化处理的好处以及重要性。然而，还是有很多人虽已明白数据的重要性，但还是不知具体该如何行动。

每月的销售例会上都要做数据汇报。除了这些还应做些什么？

根据上级的指示，已经被迫拼命收集很多数据了，还要怎么样？

肯定有人这样想。但是本书提倡的数据化不是胡乱地收集数据，或者仅用于确认过去的业绩。使用数据的目的是为了解决眼前的问题，最高效地达成目标。为此，**掌握数据运用的诀窍**必不可少。在这里，针对构成“数据化工作法”（通过数据化快速解决工作中问题的方法）基础的七大要点进行说明。

要点一：数据不应被动接收，而应主动获取

“问题是数据化真的很重要！”当我向商务人士表述这句话时，经常得到这样的回答：“已经在开展数据化了。每次开会的时候，公司总会塞给我庞大的数据。”

但是，这些数据都是别人强加给自己的东西。进行数据收集和数据化的人，不是自己，而是上司或者其他部门的人。那么，**使用别人收集来的数据真的能解决自己面临的问题吗**？当然，如果公司和自己对问题的认识完全一致的话，那么公司所给的数据可以原封不动地应用到自己的工作中去。但是大部分情况是，会议资料完全帮不上忙，被扔在角落里，无人问津。公司给的数据无法解决自身问题，这是因为你弄错了应该利用的数据。上司以及其他部门的人无法准确地把握每个个体所面临的问题。

如果你是经常奔走于基层的销售人员，每天都能直接跟顾客接触，能清楚地了解店内商品的销路以及顾客的倾向，因此可以察觉到哪里出了异常，哪里需要改善。但是，公司里的管理者，以及其他部门的人没有机会了解销售的现状。无法正确把握现状，就无法准确抓住问题，因此他们收集来的数据不会对现状产生帮助。

如果是这样的话，那这些该由谁来做呢？

为了解决自身问题，必须亲自对必要的数据进行测算和分析，真正将“数据”这个工具用好。也就是说，**对自己有**

用的数据，要自己去收集。

对工作有用的信息，最初并不是以数据的形式存在的。刚开始的时候，大多数情况下，这些信息都只是让你有一丝隐隐的感觉或者感到略微的不协调。只有不放过丝毫灵感，随时思考“是否存在可印证这一现象的数据”，并抱有问题意识的一线员工在进行必要数据的收集之后，才能使数据化变得有意义。因此，首先应拥有“自觉进行数据化管理”的强烈意识。这是实行数据化工作法的第一步。

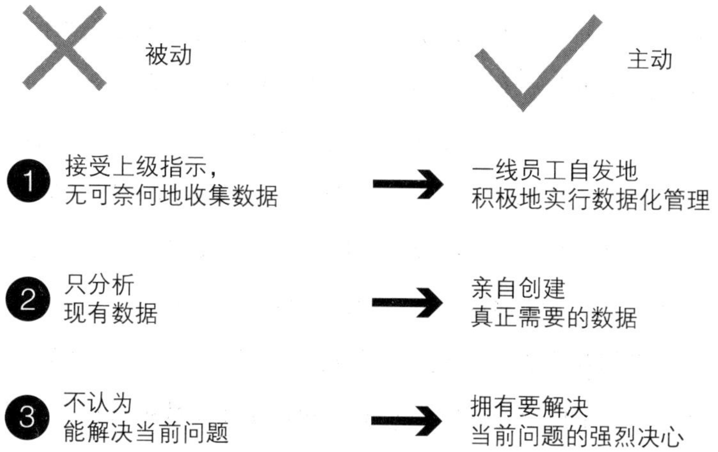

图 2　由“被动数据化”转变为“主动数据化”

要点二：数据化的目的是探讨“今后该怎样做”

在软银集团中，只谈结果的报告是不被认可的。“这周发展的新客户数以及投入成本如下所示”，向孙正义社长所做的报告若以此种方式结尾的话，便会立刻遭到训斥。

不应评判“做得怎么样”，而应探讨“今后该怎样做”。

总之，不应着眼于过去，而应放眼未来。数据化的目的在于，指导人们下一步该做什么。对过去的分析自然是很有必要的，但是，归根结底，那只不过是指导人们下一步该做什么的前期准备罢了。换言之，无法指导人们在未来，也就是下一步该做什么的数据化是没有意义的。每一位员工都应意识到这一要点，同时，上级及管理阶层的人也应铭记在心。

多数日本企业通过数据的形式，详细制订了每位员工应达到的成果及绩效目标。然而，仅仅给定一个数字目标，就让员工们各凭本事去执行的公司占据了大半。情况严重时，指责员工是何等的无能，有些上司甚至使用数据来让下属认识到自身的不足。这样做的上司也许是希望下属能保持一种危机感，然而，下属若因此被逼入绝境最终动力减退的话便意义全无了。如果你站在上司的立场，一定要考虑到“这个数据化对员工开展下一步工作是否有用”。

孙正义社长唯有措辞严厉了些，但针对上述事项，他的想法却是始终如一的。即便现阶段的业绩不是那么可观，但在此情况下，对那些能基于现状，考虑接下来该怎么做，并采取恰当行动以加以改善的属下，都会给予积极的评价。反倒是那些尽管报告的数据很顺畅，却无法回答接下来该怎么做，并企图用“正在探讨中”之类的措辞搪塞过去的下属，则会毫无情面地开除。

实行数据化不是为了让人在回顾以往时感到满足，也不是为了让谁成为恶人，而是为了创造未来。这一点，请一定要铭记于心。

要点三：数据化的第一步是“划分”

亲自收集和解决问题相关的数据，并以此来指导未来的行动，这个重要性已经理解了。可是，实际操作时，该收集什么样的数据才好呢？

提出这种疑问是理所当然的。任何现象都能够以数据化的形式表现出来。眼前的苹果也是如此，可从重量、高度、颜色浓度、糖度、在日本的收获量、各品种的收获量、各都道府县内的收获量、出口量……无论什么都可以用数据对其加以描述。

即便决心要去收集数据，可是以什么为依据去判断“这与解决问题有关”却毫无头绪，为此困惑也很正常。但实际上，首先应做的事已经定好了，那便是“划分”。

前文所举的营销部的案例中也应用了这一方式。我们按职业类型对新客户进行了划分，并计算出客户延续率，最终得出“将经营活动集中于美容行业”这一有效的解决方案。

在软银工作期间，我之所以能在客服中心的业务改革中取得成功，也是因为我对客户的咨询问题进行了划分，并按照缓急程度进行了排序。如果不进行划分，只关注整体销量、整体收益或是投诉总数的话，问题便永远都得不到解决。不进行划分也无法得到有用的数据。

清点之前先划分，

这是数据化工作法的不可动摇的规则。

划分方法并不是只有按种类划分和按形式划分这两种。“按环节划分”也是一种可帮助解决问题的有效手段。工作必然包含着起点（输入）与终点（输出）。试着对工作过程进行划分，然后测算出各个数据。假设你是一名房产中介的销售人员，并苦恼于每月的签约数未达成目标。这种情况下，“起点”指的是你初次接触到客户的时候。具体来说，就是客户来访或是通过邮件发来询问的时候。而“终点”指的是同客户签订合同。定好起点与终点后，便将这之间的过程划分为若干环节。

对于房产中介行业来说，可划分为“倾听客户要求、提供房屋信息”“带领参观房屋”“合同条款谈判”“贷款审查”“签订合同”等环节。像这样进行划分后，就能得到各环节中的客户数并计算出成功率。“在提供房屋信息的客户中有七成选择参观房屋，然而其中只有 5% 的客户同我们进行了合同条款的谈判”，若能知道这些的话，就能推测出在走向谈判的过程中，出现了哪些问题。

白领工作效率低是因为没有进行“环节划分”

看了以上说明，也许会有人觉得我只是验证了一个理所当然的事实。但实际上，大多数人都只关注“未能达成每月目标”这一最终结果并苦恼于“该怎样做才好”。却很少有人能将自己的工作过程划分为若干环节，并将结果出来之前的过程用数据化的形式表现出来。

“划分为若干环节”是数据化的基础，其普遍应用在厂商生产产品的过程中。汽车的生产过程就被明确划分为“压床”“焊接”“涂漆”“模制”“组装”“检测”这几道工序。进而计算出各个环节中的成品率，严格核实不良品的发生率。另外，各个环节的时间都有严格的要求，甚至会以秒为单位对各个零部件设定目标时间。因此，能够立即测算出“今天‘焊接’→‘涂漆’的过程中的不良品率比目标值多了 0.1%”，就可以让人思考“明天如何才能将不良品率降到目标值以内”，并做出下一步部署和实施。

但是，白领的工作中不像厂商那样实施明确的环节管理。

因此，白领工作的每一个进程都无法被数据化，也无法通过数据充分地进行分析及验证。日本工厂的生产率至今仍居于世界领先地位，然而，白领行业的生产率却十分低下，其中一大原因是白领工作中未普遍应用“环节划分法”。正因如此，商人若想做出一番业绩的话，就必须要自发地对工作内容进行环节划分，并将其数据化，这点很重要。

刚开始划分得不细致也没有关系

至于划分的依据，我们可以设想到“按形式划分”“按行业划分”“按环节划分”等形式。只是，并不存在什么时候必须怎样划分的固有框架。因为不同性质的问题，不同的场合，其对应的划分方法也是不同的。或许有人会认为“没有标准的话，想划分也无法划分”，但并不是这样的。没有规定的话，自己决定划分方法便好。

思考该如何改善 Yahoo!BB 客服中心的服务质量的时候，我并不是从最开始就决定好该怎样归总打印出来的咨询信息的。我和员工分工合作，各自阅读几十张咨询信息，在此过程中不自觉地形成了“这个和这个应该分为一组吧”之类的划分依据，自然而然地划分了信息。结果，就将咨询信息划分为了“调制解调器的质量”“对业务的投诉”这样的类别。

因此，没必要最开始就明确决定该遵循什么划分依据。虽然内心很迷茫，但只要试着开始进行划分，在这过程中就能渐渐明白该遵循什么划分依据。

小组一同致力于解决某一问题时，最好每名成员都能分好工，各司其职。我经常做的是：将小组成员集结起来，让他们在报事贴上写下他们认为问题出在哪里。例如，在经营英语口语培训班这一事业时，希望减少退班学员的数量。这时可以召集各培训班的管理者，给他们每人发五张报事贴，让他们写下能回想起的学员退班的理由。然后将这些报事贴贴在白板上，试着对其分组。

这片区域的人是因为钱啊，

这些可总结为“公司加班”“照顾孩子”“忙”……

就像这样，将报事贴在不同的位置上进行移动时，渐渐地就形成了若干组。即便没有明确的划分依据，也能够结合现场的实际情况采取恰当的划分方法。这项工作并不是由一人完成，“集结大家一起做”才是关键。集结所有熟知该问题的人，尽可能多地收集有助于数据化的材料。而且，众人要即刻发表各自的意见，以此来迅速分析现状。通过这种方式，解决问题的质量和速度可以同时得到提升。

因此，遇到实际问题时，若也能像这样“先划分”的话，就能从数据化中得到启示。暂且划分得不细致也没有关系，从眼前的事物开始，试着去划分吧。

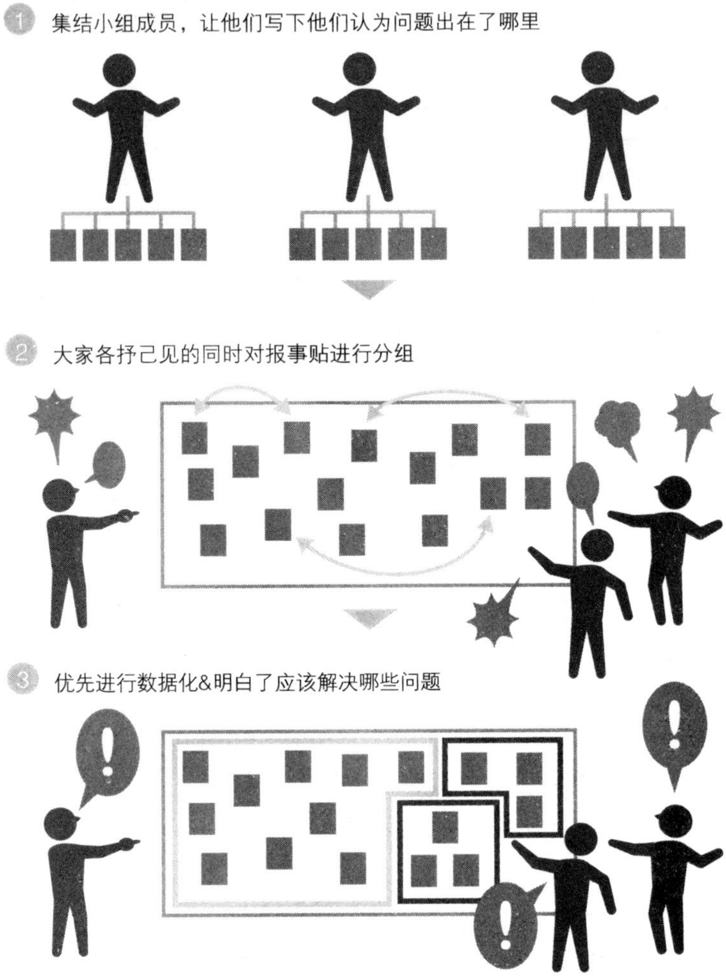

图 3　小组一同致力于解决某一问题

要点四：知道问题所在后，进行细致划分和数据测算

粗略地进行划分并知道问题的所在后，就试着进行细致划分并进行数据测算。针对这一点，也没有相关规定，但有几个“测算要点”如果能提前掌握的话会很有帮助。例如，测算“每天”的数据，这是最初级的数据化方法。每天测算一次员工的总加班时间后，就会发现“虽然周一和周五很少加班，但周三和周四却超出了加班的目标值”等倾向。另外，测算“不同地点”的数据也是经常被使用的数据化方法。例如，连锁企业想要比较各商铺销售额的时候，就必须按照“商业街商铺”“小区商铺”“商场商铺”等这样的地理位置的特殊性来进行划分后才能进行比较。

根据人的不同而得出的测算结果有时也是有效的。因为即便是向同一行业的人订货，负责人不同，最后的结果也会不同。将客服业务外包给某公司后，负责人 A 负责的小组收到的投诉很少，负责人 B 负责的小组收到的投诉却很多，这种情况也是有可能存在的。如果仅以公司为单位测算数据的话，无法察觉到这些情况。只有测算了各个负责人的数据后，才能够知晓这些问题。

就像这样，再进一步地进行细致划分并测算出数据的话，大多时候就能够离解决问题更进一步。若有时间迷茫于“该测算哪一个数据”的话，不如着手去做，这一点很重要。通过要点三的提示，我们应该能大致预想到问题出在了哪里，

所以自此作出假设也没关系。

工作的起点与终点之间，在你觉得是原因的地方测算数据的话，就一定能够发现些许事实。若起初注入了100升的水，最后却只有30升的水流了出来，那么这之间一定有哪里发生了堵塞。因此，对这段区间进行分段，测算出各区间水的流入及流出数据的话，就能准确找出是哪里发生了堵塞。无论多大的问题，只要对起点与终点之间的区间进行细致划分并测算数据的话，就能发现瓶颈的所在。

要点五：目标是“用公式表示”现实问题

只是收集数据没有任何意义，这句话或许我已重复多次了。“数据”本身不具有任何意义，人们容易对此抱有误解。例如，“日本的总人口是1.3亿”，这个数据虽是事实，但也只是事实，只是在确认“日本住着1.3亿人啊”这一情况罢了。因此，单纯的数据是起不到任何作用的。

重要的是要对数据进行“体系化梳理”，使其转化为“信息”或“知识”。

这些词在日本使用得模棱两可，但在国外都有明确的界定。信息指的是“整理数据后，得到的带有解释或相关意义的内容”。即信息指的是对数据是“什么意思”这一问题进行解释后得出的答案。“日本的总人口是 1.3 亿。这个数据近年来整体保持平稳，日本正迎来人口逐渐减少的局面”，只有在这种情况下，“1.3 亿”这一数据才称得上是信息。

知识指的是“将信息体系化梳理后归纳得出的内容”，是对“今后该怎样开展工作”这一问题做出的回答。“人口若持续减少的话，2060 年的总人口将会少于 9000 万，老龄化率将会达到 40%。因此，必须重新制定社会保障制度，让少数的在职人员能够供养多数的退休人员”，这其中的数据才能称作知识。

日本人总觉得“是数据就会有用”，但单纯的数字是没有任何意义的。将单纯的数据提炼为信息或知识，将现实中模糊的现象转换为有意义的数字，从而指导下一步行动，达成目标。只有做到了这一步后，才能称作数据化。

商业世界的一切都能通过公式表示

将单纯的数据转换为有意义的信息或知识。总而言之，就是“建模”。简单来说，就是**“将现实中模糊的问题或现象转换为公式，进行体系化梳理”**。

这样说也许有些唐突，想必大家都知道牛顿万有引力定律吧。其内容是：“所有物体之间都存在着引力。引力的大小同物体的质量乘积成正比，同物体间距离的平方成反比。”用公式表示为$F = G\frac{Mm}{r^2}$。就连“苹果从树上掉下来”这一单纯的现象也能通过公式进行建模。

同样，商业世界里发生的所有现象也能够通过公式表示。并且，这些公式必须是可解的。因此进行数据化后，问题就能够得到解决。或许会有人因为我举了牛顿这个例子而觉得模型化是件非常困难的事情。实际上，模型化就发生在我们身边。商业世界里的一切都是由数据构成的，所以通过公式表示是完全可行的。例如，零售业的营业额是这样计算的。

每平方米的营业额 × 店铺面积 × 营业天数

某个营业部的营业额是这样计算的。

每个营业员每天的营业额 × 员工人数 × 营业天数

怎么样？没有那么难吧。孙正义所说的“用公式思考吧”指的就是这个。

听到“公式”这个词，也许会有人因为“自己不擅长数字运算”而畏缩不前。但是，商业活动中使用的基本是乘法运算，就算还有其他运算也只是加减运算而已，只要懂小学算术就没问题。可以说，是否拥有要点一中所说的“自觉进行数据化管理”的决心要比掌握数学知识以及对数字敏感更为重要。

公式化之后，能够得到比较准确的预测值

将商业现象模型化的好处就是“能得出预测值”。能够预测未来，就能即刻知晓“接下来该怎么做”，从而能迅速采取下一步行动，比竞争对手更快地完善不足之处，获得巨大的成功。要想在商业竞争中取胜，恐怕没有比这更有利的了吧。

最开始开展 Yahoo!BB 服务的时候，软银集团曾进行过“太阳伞促销”。“太阳伞促销”就是在街头支起太阳伞，搭成简易的销售点，然后在附近不断分发装有调制解调器的纸袋。那时，我们也算出了预测值，并以此为基础制订了销售计划。将“选址”“打工者的熟练度”等要素用乘法进行计算的话，就能很容易算出一天大概要发多少调制解调器。将选址转换为“每小时人流量”，就能够进行数据运算了。同时，以工龄月数为参考，规定打工者熟练度的数值，熟练为 3，一般为 2，不熟练为 1，以此进行计算。将人的技能及经验等本质要素像这样进行数据化处理，就可以通过公式进行计算了。

提前算出预测值，并以此为基础设定目标的话，即使出现了无法达成目标的销售点，也能迅速采取应对措施。“达不成目标，是因为销售点雇用了熟练度低的打工者。因此，下一次从其他地区调经验丰富的打工者过来吧！”就像这样，可以即刻知晓接下来该怎么做。“能够预测未来”将成为最强的商业武器。为了得到该武器，养成“用公式表示一切”的习惯非常重要。

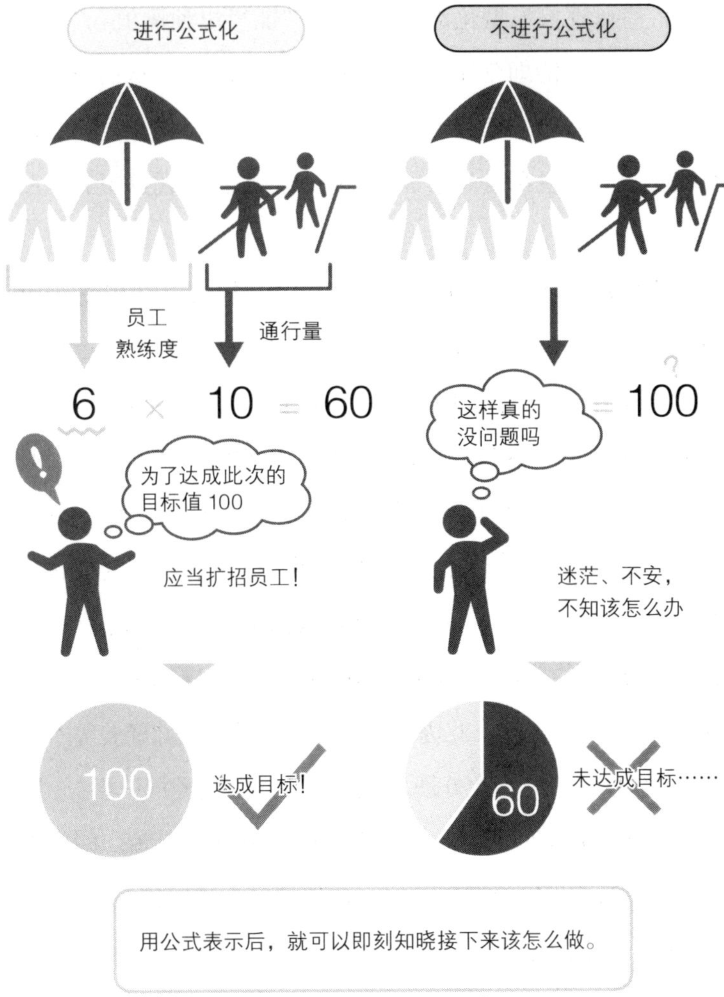
进行公式化
不进行公式化
员工
熟练度
通行量
6 × 10 = 60
= 100
这样真的
没问题吗
为了达成此次的
目标值 100
应当扩招员工!
迷茫、不安,
不知该怎么办
100
达成目标!
60
未达成目标……
用公式表示后,就可以即刻知晓接下来该怎么做。

图 4 “用公式表示”的益处

要点六：数据化后，持续高速执行 PDCA 循环

正如上文所述，数据化的目的在于指导人们的下一步行动。商业活动说到底还是要实践，无论使用多少数据进行分析，不转化为行动的话便不会有任何成果。虽然通过使用数据我们可以分析现状并算出预测值，也能以此为基础制订计划，但是只有实际操作后，才能知道计划是否可行。

“做完周密的市场调研后，本应能开发出符合消费者需求的新商品，然而实际销售的时候，却完全卖不出去”，这种事时有发生。最重要的一点是进行数据化并制订目标或计划后试着去执行。然后用数据测算执行结果并加以检验，若问题没有得到解决的话，就执行其他的解决方案。持续高速执行 PDCA 循环是达成目标的最快方法。“数据化工作法”与 PDCA 对应后，具体如下。

P（计划）：用公式将问题进行体系化梳理，理解各数据间的关系，制订计划。

D（执行）：执行计划。

C（检查）：分析计划与执行间的差异，按照缓急程度把握问题。

A（改善）：执行改善方案。

我简单地解释了 PDCA 的各环节，但软银集团有时会先

实行计划后制订计划，有时还会两者同时进行。总之，不能止步于计划，也不能将时间花在无用的事情上，我们追求的是尽快执行。

软银集团认为“失败要趁早”

当然，执行计划时也可能会失败。而软银集团是在充分汲取失败教训的情况下执行计划的。重要的不是结果成功与否，而是“尽早发现现实与计划间的差异”。执行结果中得到的数据最为准确，毕竟计划阶段得出的数据只是“预测值”，而实际执行后得到的是“实测值”。这才是最宝贵的，**但若只是反复把时间花在计划上是决不会得到这些的**。因此，软银集团才认为“失败要趁早”。

测算并分析预测值与实测值之间的差异就能知道为何会产生这样的差异，从而制定出更准确的改善方案。执行改善方案后，情况便能确实得到改善，从而离目标更进一步。反复并持续执行 PDCA 循环是找到正解的最快方法。身处难以预测将来的时代之中，在制订“计划”上花费再多时间提高计划准确性的效果也是有限的，这是孙正义带领的软银集团中所有人的共识。

害怕失败，花过多时间去制订计划的企业

另一方面，大多数企业都有在制订计划上花费过多时间的倾向，因为他们害怕失败。因为太害怕失败，所以他们细

致地收集所有信息，在公司内不断进行讨论，并认为“全员一致通过后，才能够开始执行”。然而，在此期间，商业环境及行业环境都在不断改变。无论是多么划时代的想法，只要错过时机，不但会被对手超越，消费者的喜好也会改变。

这是因为**在制订计划上花越多时间，员工就会越疲惫越丧失动力**。因为无论怎么修改计划，不实际去执行的话就无法获得“做到啦，成功啦”的成就感或充实感，所以当然会出现这种情况。即便好不容易走到了执行这一步，能迅速进行检查或执行改善方案的企业也不多。因为计划是花很长时间好不容易制订出来的，所以打算暂且观望其走向。这种倾向在很多企业中都存在。

原本大多数日本企业“会每季度或半年重新制订一次目标或方针”。短的也顶多一个月制订一次。与此相对，软银集团检查及改善的循环是多久一次呢？答案是“随时”。软银集体追求的并不是每月、每周或每天执行一次新循环，而是每一次确认完当前数据后，便即刻考虑下一步行动。

该想法之所以可行，是因为构建了可以即刻掌握所有数据的体系。例如，员工可以使用终端设备随时确认手机新用户数等信息。若得出“今日的新用户数似乎无法达成目标”的判断，就立刻构思改善方案，并立即执行。这便是软银集团员工的日常。比起那些每季度或半年一次将员工召集起来，让他们不紧不慢地汇报过去数据的企业，谁是商场中的赢家便很明了了吧。

不是让数据化只停留在数字表面，而是迅速将其转换为行动，然后持续高速执行 PDCA 循环。

这便是软银集团强大的秘密。

要点七：解决问题后继续开展数据检查

通过数据化解决问题并非最终目标。工作中会频繁出现新问题，一旦达成目标，就应该紧接着向更高的目标进发。同时，商业环境时时刻刻都在发生改变，过去适用的数据划分方法及公式随着时间的流逝也会逐渐与现状不符。因此，即使在同过去相似的场合下做着同样的工作，也应找出符合现状的划分方法，顺应时代变化更新公式。因为不这样的话，就有可能会遗漏重要数据或算出错误结果。

例如，智能手机出现的时候，由于没有重新审视其类别划分，出现了很多落后的 IT 企业。在此之前，人们皆通过电脑接受各种网络服务。因此，智能手机上市后，也仍有许多企业在统计网页浏览量及网络服务用户数时，未划分哪些是智能手机端登录的用户，哪些是电脑端登录的用户。结果这些企业犯了一个致命的错误，即他们未能把握住智能手机的使用者会越来越多这一动向，始终把服务重心放在电脑端使用者上。

现在来说也许难以置信，在环境改变的过渡期中，必然会出现一些企业被时代所淘汰。**能够抢先注意到环境的改变，也是数据化工作法的益处所在**。若每天都检查数据的话，就能发现诸如“迄今为止基本持平的预测值和实测值之间突然产生了偏差”之类的变化。这种情况下，很有可能是因为环境发生了某种改变。察觉到这些，就相当于抢占了先机。只要谨遵上述的数据化要点，找出产生偏差的原因，就能先于其他公司采取行动。

软银集团正因为能够及时察觉市场动态，才能够以绝对优势战胜对手。数据化并非只用于解决一时的问题，而应成为每日的习惯。可以说这是在商业上长期获胜的唯一方法。

现代商业中最重要的五个数据

就像这样，软银集团的一线员工时时刻刻都采取着数据化工作方式。虽然每位员工会因不同的服务内容及业务处理不同的数据，但每一个数据最终都与公司的经营紧密相连。反言之，对公司经营无用的数据，不论怎么收集和分析都没有意义。因此，一线员工也应从经营的角度理解数据。

虽说如此，其实这并非难事。因为公司的经营能用以下的五个数据简单地进行梳理。

客户数量

客户单价

客户停留期（从成为客户到不再是客户的期间）

客户获取成本

客户维系成本

公司的经营是通过掌控这五个数据来维持的。对经营来说，最为重要的是提高利润。营业利润可用以下计算公式表示：

（客户数量 × 客户单价 × 客户停留期）—（客户获取成本＋客户维系成本）

因此，为了使公司的利润最大化，需要如下掌控数据：

“客户数量”“客户单价”→提高
“客户停留期”→增长
“客户获取成本”“客户维系成本”→降低

这种将上述五个数据上调或减少使公司利润最大化的方式，可以说是公司经营的终极目标。同时，这也是数据化的目的。分别测算数据、列公式以及算出预测值都可以算作“掌握这五个数据”的前期准备。若不明白这个本质的话，无论怎样提醒“数据化很重要”，都无法理解其奥义，最终只停留在单纯执行命令的层面。公司经营不下去的话，在公司工作的员工也会受到极大的影响。因此，不要片面断定“一线员工不懂经营”，而应自觉参与到对五个数据的调控中去。当员工皆意识到这一目的时，公司营业才能够得到提升，员工与公司才能够一同成长。软银集团就是靠以这五个数据为基础的经营模式成长起来的。

现在的商业中，尤应注重“客户停留期”。即注重**“客

户终生价值（LTV）”，指的是**“公司从与客户所有的互动中所得到的全部经济收益的总和”**。如何才能在卖完一次商品或提供完一次服务后继续获得利润？尤其是在人口，即消费者的数量逐渐减少的日本。这个想法很大程度上左右着公司的经营。打印机就是成功将客户终生价值这一理念贯彻到经营模式中的代表案例。只靠卖打印机是无法获得利润的，让客户接着购买自家的打印墨水，生意才算是成功。可以预测，在 IoT（物联网）普及后这种商业模式将得到推广。

目前，大多数的经营模式都是卖完产品或零件后就同客户中断联系。然而，这之后若能在网络上同客户保持联系的话，就能为客户不断提供新服务，同时还可以很容易地同客户保持长期联系。今后公司就可以从所有产品的保养费、维修费，或是促成客户再次购买产品中获利，将目标转化为“尽可能长期地从客户中获得利润”。

当然，软银集团也从最开始就意识到了“客户终生价值”的重要性。孙正义社长常说：**“长期开展下去的业务是最好的。”**即公司最需要的是能持续为公司创收的业务。从数据化角度看软银集团的经营的话，就能清楚了解软银集团始终重视上述的五个数据这一事实。我将这种以五个数据为中心的经营模式命名为软银集团的“三次元经营模式”，本书第 5 章中有详细论述。

当今时代，如何利用数据将产生致命性差距

本章的最后，想再谈一下为何当前要实行数据化管理。数据自始至终都是商业中不可或缺的东西，各式 IT 工具升级之后，数据的收集及分析变得极其便宜且简单，这是过去所不能比的。例如，从庞大的文本数据中提取有关联性的词，并加以分析，不久之前这对于一般人来说还是不可能的事。因此，人们想要分析用户反馈的调查问卷时，只能委托专业的企业顾问，支付不菲的咨询费。然而，如今在“KHCoder”这一工具的帮助下，诸如此类的分析简单得任谁都可以做到，并且该工具可免费下载。

收集数据以及数据化已变得如此简单，这意味着什么呢？擅于利用数据的人和企业，与一成不变地靠直觉及经验的人和企业之间会产生致命的差距。由于不需要耗费任何成本也可以完成数据的收集，所以对于预算少、人手不够的初创企业及中小企业来说，只要其管理层及员工掌握了数据化技巧，他们就有可能做出震惊世人的革新。相反，对于预算及人手充足的大型企业来说，若其无法有效利用数据的话，他们便

会被对手或新兴势力赶超，渐渐走向衰败。另一方面，需要注意的是，数据化变得简单后，人们会容易做一些“无谓的数据化”。我周围的人也是如此，我经常听他们说公司让他们处理各种各样的数据，然而那既没能解决问题，也没能使公司的业绩提升。结果，只是白白浪费了时间。这种因**做无用功而陷入“数据化代谢”的企业有很多。**

虽说收集数据不花钱，但不做任何准备就去收集数据的话，无论有多少时间都不够。毕竟虽然不花钱，但是要花时间。并且，时间也是不可忽视的成本。在无法达成目标的数据化上耗费成本，致使效率低下，这本身就是本末倒置。数据化确实是万能的工具，但必须以正确使用为前提。

（本书第 3 章说明了数据化过程中容易让人犯错的“数据化陷阱”，并且说明了有利于解决问题的数据化与让人浪费时间的数据化之间的不同。）

第2章

解决问题的利器：数据分析的七种工具

随着 IT 工具的升级换代，人们步入了以低成本收集各种数据的时代。然而，问题在于该如何分析数据并将其有效利用在工作及业务之中。最近，出现了学统计学的热潮，亦是因为有很多人想知道该如何有效利用数据吧。当然，学统计学自然有其用处。可是，你的工作有因此取得进展吗？即便理论知识掌握得再好，也仍有人不知道该怎样将其应用到日常的工作之中。因此，本章将介绍我在实际工作中常用的“数据分析的七个方法”。

1. 流程分析
2. 散布图和一元回归分析
3. 多元回归分析
4. 帕累托图分析法
5. T 型账户
6. 差异分析
7. LTV 分析法

本章并非只对各个方法进行单纯的解释，而是具体说明什么情况下该用什么样的方法以及如何使用，想必大家能因此领会所谓的“通过数据化解决问题”究竟是何含义。同时，本章还将推荐几款十分便利的数据分析工具。这些都无需具备高级统计知识，无需熟练掌握 Excel 技能。请你试着从今天开始就在实际工作中使用这些方法。

流程分析

——方法简单，却效果出众

最先向大家介绍的是“流程分析”。

软银时期自不必说，如今在我开办的TORAIZ中，我每天也都在使用此方法。

所有的商务人士应该都经历过手里的工作无法达到理想状态而烦恼的时候吧？这种情况下，流程分析不仅可以帮你梳理工作流程中哪里出了问题，还能帮你谋划出具体的改善方案，效果出众。

对工作流程进行划分，记录各阶段数据，草拟解决方案并执行，最后再用数据进行检查。然后再持续不断循环执行这一过程。

这是最基本的方法，操作本身也很简单。

虽然用Excel操作会更容易些，但用笔记本记录也没关系。当然，这完全不需要统计学知识。

方法十分简单，效果却立竿见影。

在本章介绍的“七个方法”中，流程分析法的应用效果尤为显著，因为它可以应用到各种工作之中，应用范围的广泛性也正是它的优势所在。

虽说如此，使用该方法的人却没有那么多。实在是可惜！下面就让我用一个案例，为大家详细进行说明。

案例

房产中介的新人营业员 A，进公司两年。刚进公司时的目标是成为销售冠军，工作干劲也很足，但如今却深陷苦恼，因为连“每月签订一份买卖合同”的普通指标也难以实现。

上司、前辈都对他说：“做任何事都需要一定的经验积累，不要想得太多太难，要放手去做。”他为此总是加班到深夜，然而，要保持“每月签订一份买卖合同”的工作指标仍然非常困难，很难做到。

A 所在的公司是根据员工业绩支付工资，每个员工都如个体业主一般，因此上司、前辈也很少会手把手去教 A 怎么拿下订单。缺乏经验的 A 若想凭借一己之力达成每月指标的话，究竟该怎样做才好呢？

【用流程分析解决法】

步骤 1　划分各个流程，测算成交率

A 首先应当依照第 1 章要点三中所写的内容，“将签合同

前的业务按流程进行划分”。

该案例中的“起点”指的是初次接触到客户的时候。

具体来说，就是客户根据刊登在网上或传单上的房屋广告，通过邮件或联系表单的方式同营业员取得联系的时候，或是在熟人的介绍下亲自到店咨询，参观成品房的时候。

而“终点”指的是同客户签订合同。

定好起点与终点后，便将这之间的过程划分为若干流程。依照A的工作性质，可大致划分为如下五个流程。

①初次接触·客户咨询

②带领参观房屋·内部看房

③申请购买

④贷款审查

⑤签订合同

接下来，就是对各个流程进行测算。

该情况下，这一个月内进行“①初次接触·客户咨询”的客人有多少，这之中有多少客人紧接着进行了“②带领参观房屋·内部看房”，再进一步其中又有多少客人最终提出了“③申请购买”……通过统计这些数字，就能测算出各个流程中的成品率。

为了慎重起见，先给大家做一下说明：“成品率”一词原本用于制造业的质量管理中，它指的是产品中良品所占的比率。

因此，成品率越高，则意味着次品越少；成品率越低，则意味着次品越多。

将成品率这一概念对应到白领工作中的话，指的是“一定量的业务中顺利完成的业务所占的比率”。即，成品率越高，则意味着工作进展得越顺利；成品率越低，则意味着工作进展得越不顺。

A 记录了他这一个月以来实际完成的各个阶段的工作量，结果如下所示。

①初次接触·客户咨询	50 件
②带领参观房屋·内部看房	25 件
③申请购买	1 件
④贷款审查	1 件
⑤签订合同	0 件

该结果可用图 5 来表示。

步骤 2　通过观察成品率查明问题所在

这个月，来了一位经朋友介绍、对独栋住宅有强烈购买欲望的客户，因此 A 想着无论如何都要拿下这个单。然而，在最后关头却卡在了金融机构的贷款审查这一关，结果这个月也没能谈成一单合同。

但是，通过查看各个流程的数据以及图表我们可以发现，未能谈成合同的真正原因并不在贷款审查一阶段。

五个流程中，成品率在由①过渡到②的时候大幅度下降。该过程中，A完成的工作量由50件变为25件，成品率只有50%。

确实，成品率在由“②→③”的过程中也出现了下降，但考虑到该业务属于“独栋住宅的卖方中介”就不会觉得降幅太大了。买房可谓人生大事，卖独栋住宅的中介和出租房屋的中介不同，客户看完房就提出购房申请的自然少之又少。恐怕A在使用流程分析法之前就已经察觉到了成品率在“②→③”的环节就有所下降了吧。

另一方面，成品率在“①→②”的时候发生了下降，这其中存在很大的问题。①的环节接触到的全是主动到访的客户，他们或是因为看了房屋广告，或是由朋友或熟人介绍而来。这些客户并非被我们强行劝诱而来，而是原本就有购房需求。尽管如此，却只有一半的客户进展到了②，即参观房屋的环节，这个数据还是太过于低了。

换言之，这也说明了A工作中的问题所在，A应当优先从此处着手。当然，成品率在“②→③”的时候也发生了下降，此环节也存在必须解决的问题。但是，从问题的缓急程度来看，应优先改善①→②这一过程。

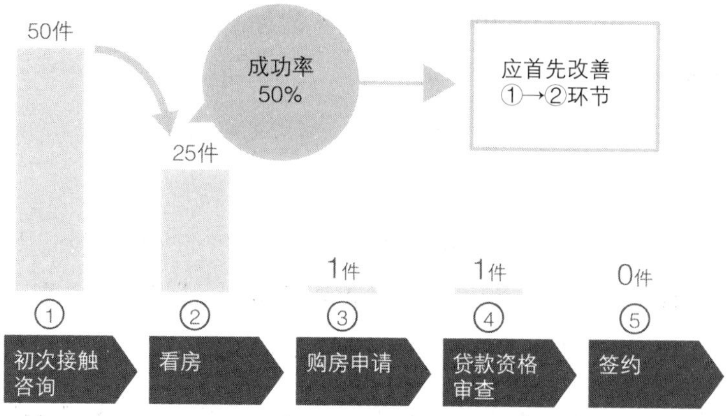

图 5　分别测算各流程的数据

步骤 3　建立解决方案的假说，设定中间目标

要是我的话就会马上思考为提高“①→②”成功率的解决方案并付诸行动。

为此要做的事也很简单。那就是从开始接触到约定见面，不要在时间上留下空隙。在咨询房屋相关问题的时候，是“想买房子”的心情最为迫切的时候。然而随着时间的推移，购房者也会慢慢冷静下来，重新思考买房这件事。而且，在买房的时候几乎不会有人只看一套房，一般情况下都是比对几套再做定夺，也经常会有购房者同时咨询数家房产中介公司。因此要是不紧不慢的话，客源就会很快被竞争对手抢走。一旦错过时机，不论 A 打多少次电话，顾客都不会再有回应了。因此 A 设定了以下两个目标。

a. 无论是通过邮件还是到店内咨询的客户，都必须在当天通过邮件或电话与其联系。

b. 首次取得联系之后的一周之内约定看房时间。

之后，a 和 b 分别制定完成率 100% 和 50% 的目标，并将数据记录下来。**这个数据将成为“中间目标”，即 A 在工作中的“KPI”（关键表现 / 重要业绩评价指标）**。原本 KPI 是用于经营管理的数据，具有衡量“是否认真对待完成目标的过程”的作用，因此希望各位在个人的工作中也设定一个这样的指标。当然 A 心里明白应与那些咨询过一次的客户尽早建立稳定的联系，但很多顾客因为手头的事太忙而将买房事宜推迟。通过将“尽早”这一模糊的标准数据化，“自己该做的工作”将会更加明晰。

步骤 4　践行假设，用数据检验结果

为自己树立一个这样的行为目标，并持续工作一个月的话，“①→②”的成功率会由 50% 上升至 70%，提高 20%。因此，在一开始的时候同样都是接待 50 位客户，其中能进行到看房这一步的有 35 位，这样的话实际上就增加了 10 位。

A 接着按照联系方式分别记录比对“①初次接触会面 · 咨询”的情况。将联系接触方式分为“网络咨询”“邮件咨询”“电话咨询”“参观店铺”“实地考察”等。如此对比分析，也就进一步明确了接待的顺序是“以成交率较高的进行实地考察的顾客优先”。

提高了“①→②”的成功率之后就要着手改善“②→③”这一步了。前文也说过，这一步的成功率低在某种程度上是无可奈何的，但这只是和其他步骤对比之后得出的结论。“25 件→ 1 件”的成交率，虽然要克服的困难很多，可改善的余地仍然很大。由此 A 想到了一位销售前辈的话：“与顾客商谈时，要尽早为其引见与公司合作的建筑师和设计师。”

房产中介公司的销售人员经手的不仅是刚刚建成的新楼盘，也包括地皮和二手住房。然而那些买了地皮之后想自己建或者想对二手房进行大改造的顾客，很难想象改造完成后的房屋的样子。如果不是很好的地皮或是二手房源他们会“再考虑考虑”。如果请专业的设计师为顾客大致构思一下房间布局，比如“这块地可以采用这样的布局，盖一座三层独栋”，顾客们听到这样的话，脑海里就有了住在这栋房子里的具体情景，购买欲也会瞬间提升。如果施工方也如此站在顾客的角度的话，成交几率更会大大提升，所以不要说“如果需要提供设计方案需另付设计费”之类的话。因此有经验的销售员们会请设计师与自己一同拜访顾客，一起商量方案，以此实现尽早提出“这块地大致可以这样来设计”的初步设想。

A 也在实践中采取同样的方法。也就是在“②→③”这一过程中加入“请设计师提供设计方案”这一步骤。之后将

需要提供设计方案的客户人数目标设定为“每周一位顾客，每个月 4 位顾客”，并将实际数据记录下来。虽然一开始有许多顾客婉言拒绝，但如果销售人员给予如下回应：“不是说您购买这套房子就一定要用这个施工队。我们只是为您免费提供设计方案，请您放心。”就有可能完成每周一位顾客的目标。同时，“②→③”的成交率会随之上升，购房申请也会越来越多。到“购房申请→贷款资格审查”这一步为止，基本都是自然推进，成功率高达 100%。然而也有人没能通过贷款资格审查。好不容易谈到这一步，到最后没能签约真是太遗憾了。因此 A 在“②看房”之后新加入了“协商资金规划”这一步骤。尽早询问顾客的财产状况，就能预测其能否通过贷款资格审查，也就不会向顾客推荐不符合其财产现状的房源。这样的话，最后的“④→⑤”这一步的成功率也就能真正接近 100% 了。

设立“中间目标”，提高动力

“将销售过程分解，并将各个步骤的数据记录下来，预想解决方案并付诸实践，再将数据记录下来”，如此不断循环的话，A 一定能完成“每月签订一份买卖合同”的销售定额。

要说为什么使用过程分析能切实地取得成果，其原因在于设立了“中间目标”。将每天的工作目标具体落实到数据上，“今天该做的工作是否完成”也就一目了然。心里想着“尽快与顾客取得联系”的话，实际上在第一次与顾客见面的三天或是一周之后才联系顾客时，也会产生“自己已经尽量提早联系顾客了”这样的自我安慰，生意也就止步于此了。然而用具体的数据设定一个“初次见面当天即取得联系的客户比例为 100%”的目标的话，在当天内自己是否达标也就一目了然了。

如此才不会想着“剩下的邮件留着以后慢慢发吧”，而是产生一种“一定要在今天之内与初次见面的顾客全部取得联系”的动力。而且**通过设立待完成的中间目标这一形式，使工作游戏化，每天都能体会到成就感，**进而使自己以更加积极的态度投身于工作中。

如果不设立中间目标，只设立最终目标会怎样呢？以 A 为例，他的最终目标是“每月完成一笔订单”，要检查目标是否完成只能等到月末。到月末之前都不会知道自己距离完成最终目标还有多远，很难产生“得更努力了”这样的危机感和紧张感。才会常常抱着“今天没给顾客打电话，明天打也行”的态度拖延工作。这样一天一天将工作拖到了月末，终于意识到“这个月也很难完成任务了……”这时候已经无济于事了。

另一方面，脑子里总惦记着“这个月还能完成销售任务吗”，莫名陷入不安当中，**虽然绷紧了神经，但面对手头的工作却也提不起干劲。这就是没有设立中间目标的人们的日常。**因此，对于那些不能完成每个月和每季度的“最终目标”的人来说，设立落实到日常工作的中间目标是必不可少的。将可控行为用数据确立目标是十分重要的。

“为了增加购房申请的数量，提高自己的销售谈话技巧”等算不上是中间目标。因为既没有判定技巧提高的明确标准，而且技巧的提升也并非是自己可控制的。与此相对，“与咨询过的顾客在当天内取得联系”“每次与客户碰面的时候至少询问三个关于家庭成员以及财产状况等的问题，以便收集重要的客户信息”等，这些行为都是人为可控的。例如前者将“100%”作为中间目标的话，在当天内给碰过面的所有顾客打电话或发邮件即可，即使是刚入职的新员工也能独立完成。

对“自己可以控制的行为”确立一个数据化的目标

最初设定的中间目标即使是临时性的也没关系。

A 确立了一个“与 50% 的客户在一周之内约定下一次见面”的目标，但成交率仍然没有提高，也经常会无法完成“每月一笔”订单的最终目标。这时，只需要更改中间目标，即将目标定为“与 80% 的客户在一周之内联系第二次见面”。同样的，把与建筑设计师一同约谈的顾客数定为“每个月 4 位”却仍无法完成最终目标时，就可以试着将目标改为每个月 6 位或是 8 位。就这样一边调整中间目标，一边确认成功率的变化以及最终目标的完成情况，提出设想并践行完善方法，不断重复这个过程就一定能够解决问题。

即便是不能马上完成最终目标，与其一边怀疑自己到底适不适合这份工作，一边企图仅凭耐力和长时间的劳动让自己投入工作，不如设立中间目标更具建设性，付出的努力也更有意义。这次虽然是以营销为例进行说明，但这个方法适用于所有的工作。这是因为，不管是输入了多少数据，整理了多少资料，或是与相关人士沟通的时间及次数，任何工作的过程都可以将其数据化。所以在您的工作中也请试着应用流程分析法吧。

散布图和一元回归分析

——通过数据把握两种要素间的关系

从事经济相关工作的人大多有过这种焦虑："这两个要素间的因果关系要是更明确就好了。""如果能用数据表明随着广告的投入，销量明显上升，就能够说服上司增加广告费用的投入了。""店铺附近的客户量与销售额的关系说到底不过只是一种经验值。如果掌握了'客户量增加多少之后销售量便增加多少'，就可以知道店面的资料要准备到什么程度"……

像这样，如果能够进一步明确因果关系，就能制订更精确的计划，向上司提出的方案也更容易通过。在这种情况下发挥作用的，便是"回归分析"。这是一个用一元一次方程(y=ax+b)来表示多个变量之间的关系的分析方法。这一方法听起来好像很难，总之把它看成是"用来预测多个事物之间是如何相互影响的方法"就好了。

回归分析法，也可以说是孙正义社长最为重视的分析方法。特别是自加入 ADSL 经营之后，他更是对软银集团的所有干部员工下达指令，要求"彻底执行多元分析法"。

这里介绍的一元回归分析法和多元回归分析法是多元分析法的一种。事实上多元分析法还有许多其他的方法，如果是一般的商务人士的话，我认为先掌握这两种方法就足够了。

回归分析法其本身作为一种统计方法非常简单。举个简单的例子，“冰淇淋的销售量与气温”的因果关系。随着气温的上升，人们自然就会想吃凉爽的冰淇淋，冰淇淋的销量上升便是理所当然的。更精确一点，气温上升一度，冰淇淋的销售量会增加多少呢？将这个事例套用在回归分析的“y = ax+b”中，即“冰淇淋的销量 = y”“气温 = x”。

将预测其变化的变量称作“目的变量”，对目的变量造成影响的变量称作“说明变量”。在冰淇淋的例子中，“冰淇淋的销量 = y”是目的变量，“气温 = x”是说明变量。说明变量不一定只有一个。影响冰淇淋的销售量的不仅仅有气温，还有价格、大小、口味、门店前的客流量等等。

说明变量只有一个的时候就是“一元回归分析”，两个以上的话就是“多元回归分析”。“散点图”就是用点来描述这两个数据的关系性。在“散点图”中，冰淇淋的“销量”和“气温”之间有着怎样的关系是一目了然的。按照说明用 Excel 进行操作的话很快就能制成这个图表。

事例

在某保险公司任职的 B 某收到了一项任务，为一家实体店铺制订开店计划并为此写一份经营计划书。

由于他本身有多年的基层销售经验，十分了解店面的客流量越大，成交量越多的经营法则。事实上在调查了几家店面的客流量之后发现，确实是每天的客流量与成交量成正比。这是理所当然的事。

然而，将此分析法落实到经营计划上，需要更具体更有说服力的数据，例如“在每天有300人次客流量的地方开店就有可能达到每月40件左右的成交量”、“日客流量每增加100人，月成交量就有望增加10件左右”，这是十分必要的。

怎么样才能做出一份令上级满意的计划书呢？

【通过一元回归分析法得出解决方案】

步骤1　运用Excel表格画出表示一元回归分析法的直线

B所面临的问题用一元回归法就能很快解决。使用的工具就是大家所熟悉的Excel表格（注：本书使用“Excel 2010”进行操作说明，根据版本的不同操作方法存在差异）。

首先如图6①所示，将原始数据输入Excel表格中。此时，“目的变量＝月成交量”，“说明变量＝日平均客流量”。指定数据的范围之后，点击“插入”→“图表”中的“散点图”→“散点图（只标记）”（图6②），就会瞬间生成一个表

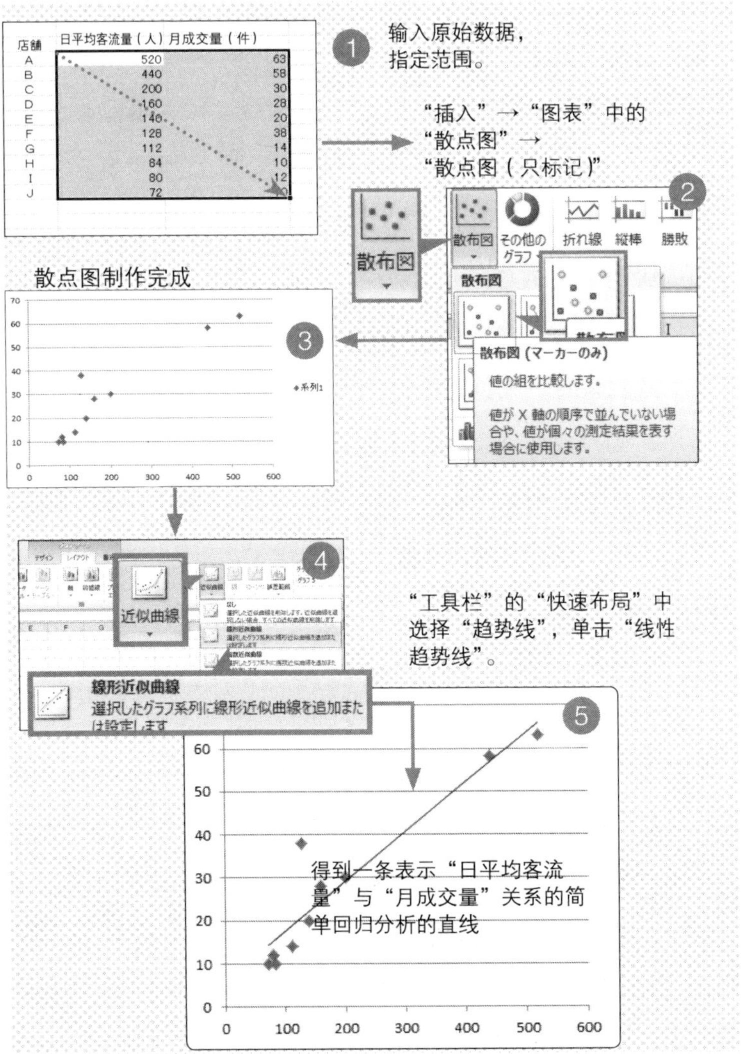

图 6　简单回归分析 1　制作散点图

示日平均客流量与月成交量关系的散点图。（图6③）之后，在工具栏的“快速布局”中选取线性布局（如图6④），点击就会得到一条表示“日平均客流量”与月成交量关系的一元回归分析的直线（图6⑤），这条直线就是“趋势线”。

这条线大体上向右上方呈直线上升趋势，说明目的变量与说明变量正相关。也就是说，它证明了“若店面的日客流量增加，月成交量也会随之增加”的因果关系。直线若向右下方倾斜就表示成负相关关系。它证明了“若店面的客流量增加，则月成交量会随之减少”的因果关系。（现实中二者间不存在这种负相关关系）。这种条件下，直线向右上方倾斜，可以判定“这两种要素正相关”。

步骤2　确认“趋势线”是否贴近现实

实际操作时就会发现用Excel进行操作十分简单。只不过在此之后有不能省略、非常重要的一步，那就是**检验趋势线与现实的契合程度**。用Excel进行操作的时候，即使目的变量与说明变量几乎没有关系也能画出一条相关线。因此必须要检验利用回归分析法画出的这条线是否符合实际。

依旧可用Excel轻松完成这一步。双击刚刚生成的趋势线。设定格式的界面就会自动弹出“趋势线选项”，勾选最下方的“显示公式”和“显示R平方值”（图7①）。点击“关闭”键，就会出现如图7②中所示的方程“Y =

0.1159x+5.8633”和“R^2 = 0.8788”。后者叫作“R 平方值”，它表示一元回归方程“y = 0.1159x+5.8633”与实际情况匹配的程度，也叫“判定系数”。乍一听是个很复杂的概念。大体上可以理解为“判定系数越接近 1，直线越能反映实际情况”。作为大致方向，大于 0.5 即准确度高，也就越接近现实情况。

在这个保险公司的案例中，判定系数为 0.88。可以得出，方程式能够较为确切地表示出“月成交量”和“日平均客流量”之间的因果关系这个结论。

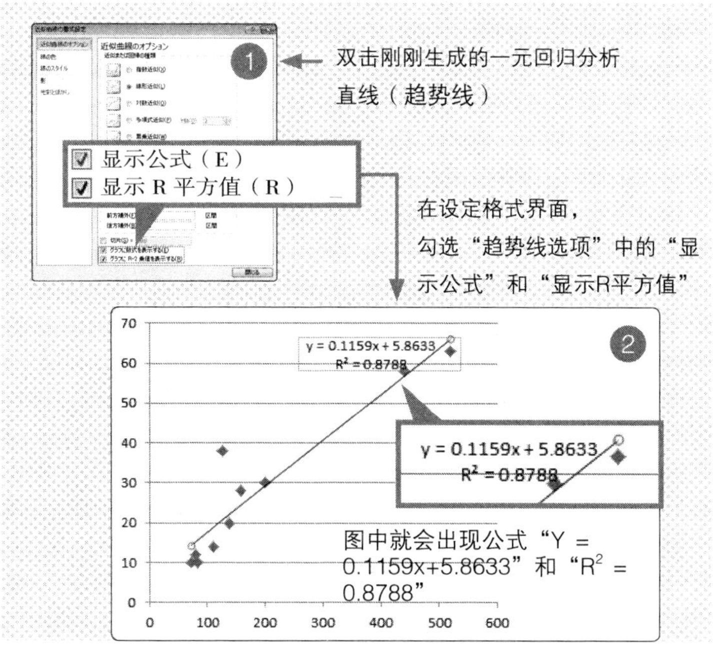

图 7　一元回归分析 2 在图表中显示公式和显示 R 平方值

步骤 3　得出预算值，决定下一步要采取的行动

掌握了两个要素之间的因果关系，自然也就明白了下一步要做什么。由于已经了解表示“月成交量”和“日平均客流量”之间关系的方程式，所以之后只要知道实际的客流量就能推算出每月的成交量了。许多房地产业经营者都掌握着客流量的相关数据，因此按照一定的步骤就不难得出月成交量的相关数据。如果日平均客流量为 300 人的话，可以推算出月成交量是“0.1159 × 300+5.8633 ≈ 约 41 件”。接下来只要综合考量门面的租金和兼职员工的平均时薪，就可以决定是否要将店面开设在这个地方。

当然现实中除了客流量之外有许多其他的影响要素。但比起仅通过“客流量越大订单越多”这一简单的经营常识就决定店铺开设场所，综合考量后得出的预测要准确得多。在上司问“为什么将新店选址定在这里”的时候，后者提供的方案也更具说服力。

虽然在这个例子中得出了一个接近 1 的判定系数，但在实际上低于 0.5 的情况也有很多。然而完全没必要因为“预判失误”就受到打击。因为这说明“这两个要素之间的相关性较低”，只要再将别的要素作为说明变量，并收集数据再次进行分析就可以了。这样反复计算的话，一定能发现判定系数较高的影响要素。

通过回归分析法可以明确优先顺序

下面将要介绍有两个以上说明变量的“多元回归分析法”。在这之前，先进行一些简单的一元回归分析的实践，应该能帮助我们更好地理解其要义。

如果是法人销售的话，建议选择“通话次数”“上门推销次数”“在客户处的逗留时间”作为变量进行分析。“接待人的职务”等性质的东西也可以数据化。例如，将普通职员设定成 1，主任、股长级别的是 2，课长级别为 3，通过回归分析法可以得出其与销量之间的因果关系。像这样，将所有的要素都进行回归分析，由于已知**“判定系数越高，对销量的影响力就越大”，**自然也就明确了要素间的优先顺序。

是应该增加通话的次数，还是应该提高上门推销的频率，或是应该想办法延长在客户处的逗留时间，再或是与职务更高的客户对话？在众多选项之中就会明确应该先从哪里入手，明确了这一点就有办法朝着提高说明变量的方向努力。明确下一步措施，这就是“数据化工作法”的目的。

按照刚才讲的步骤实际操作就会发现**一元回归分析法十分简单易懂**。正因如此，若**不将其应用到日常的工作中实属可惜**。将其应用到工作中，您很可能会发现一些意想不到的要素之间的因果关系，并且此方法在一定程度上有助于工作问题的解决。

多元回归分析

——计算出“准确度高的预测值”，并快速采取下一步行动

在上一节中介绍了“一元回归分析法”，然而在实际商务中无论是销量还是利润都不可能只由一种因素决定。大多数情况下是几种因素共同决定最终的销量和利润。此时，帮助我们知晓各个因素之间关系的就是“多元回归分析法”。

事实上，软银集团在想办法为Yahoo!BB招揽新用户的时候，也贯彻了“多元回归分析法”。“与车站的距离远近对销量有怎样的影响”“晴天、阴天、雨天的销量有怎样的差别”“工作日和休息日有多大的区别”“多雇用一个兼职员工，销量会增加多少”“兼职员工的熟练度（工作月数）会对销量产生多大影响”，像这样将所有对招揽客户产生影响的要素进行数据化，并进行分析。

与一元回归分析法相同，**多元回归分析法的优点也是可以基于方程式计算一个预估值。**因而可以由此制订出“下一

步的工作计划”。Yahoo!BB 在进行招揽顾客的营销活动时也采用了多元回归分析法。如为了获得顾客目标人数，需要在哪里放置几把太阳伞，或是需要雇用多少派发调制解调器的兼职人员。

像这样计算数据的同时并考虑“下一步要做什么”，就能为“太阳伞促销”提供更合适的地点和贩卖时间，或是根据实际情况增加兼职人员。还有一个好处就是，利用多元回归分析法得出的预测值和实际数据相差甚远时，可以尽早发现“是否还有没有留意到的影响因素”这一问题。毫不夸张地说，Yahoo!BB 能够一次性吸引 500 万用户，便是得益于多元回归分析法。

为了更通俗易懂地讲解多元回归分析法，就不说生意上的例子了，举一个与大家生活密切相关的事例。

事例

公司职员 C，由于结婚生子，想在东京郊外某市购入一套二手公寓。前几日，刚开始找房子，妻子就相中了某房产公司提供的一处房源，并想要购买。

但 C 很想知道这栋房子的价格比市场价是高还是低。因此他开始在房地产中介网站上查找距离这房子最近的车站附近的房产价格。然而公寓的价格与房屋面积、修建年数以及到车站的距离等许多因素相关，所以查遍了各种网站的 C 依然不知道这处房源的价格与市场价格相比是高还是低。真的没有办法将这栋房子的价格与市场价格进行比较吗?

【利用多元回归分析法寻找解决办法】

步骤 1 “Excel 2010” 需要先添加工具

使用多元回归分析法，可以对“某区域的二手房价格由哪些因素决定”这一问题进行分析。只是如果您使用的是“Excel 2010”的话，就需要事先加载项。

依次单击“文件”→“选项”→“加载项”(图 8①)。

单击屏幕下方的“转到”，就会弹出一个小窗口，勾选其中的“分析工具库”，点击“确定”(图 8②)。

选择“数据”键，右边就会出现一个全新的“数据分析”功能。(图 8③)。

至此准备工作就结束了。

① 依次单击“文件”→“选项”→“加载项”

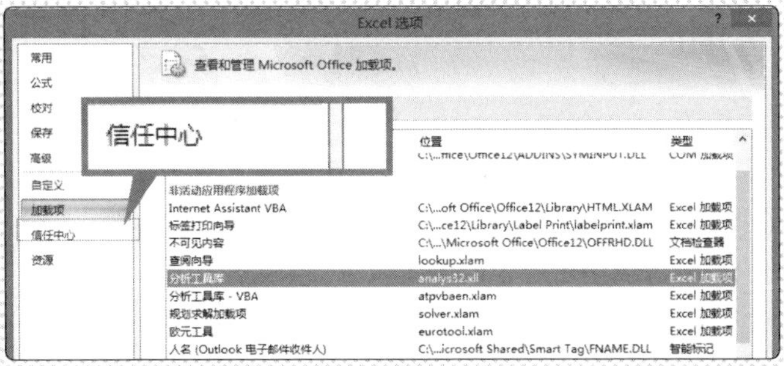

② 单击下方的“转到”会弹出一个小窗口，勾选其中的“分析工具库”，单击“确定”

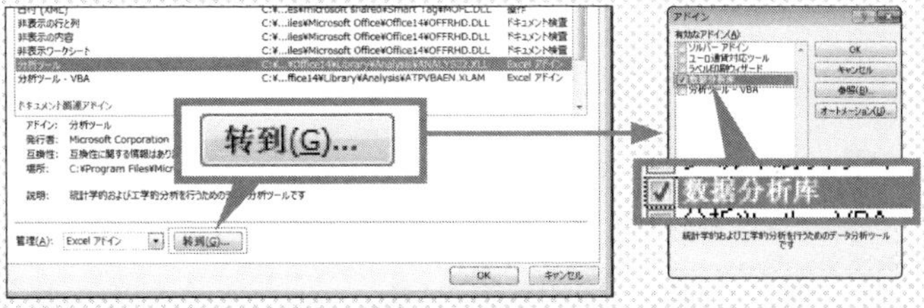

③ 选择“数据”键，右边就会出现一个全新的“数据分析”功能。

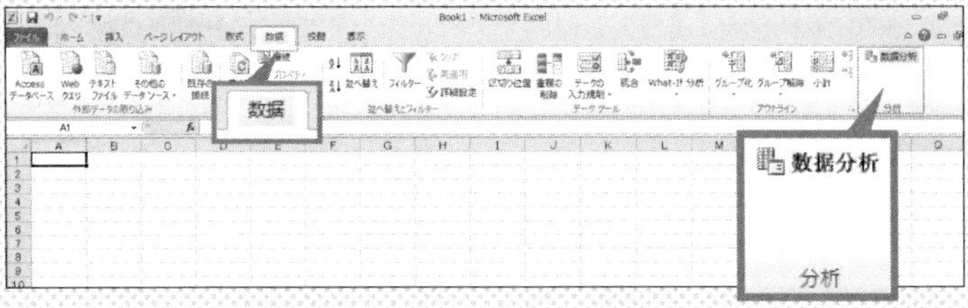

图 8　多元回归分析之一　事前准备

步骤 2　在 Excel 表格中录入数据

接着与一元回归分析法相同，在 Excel 表格中录入数据（图 9）。

这些都是从“Yahoo! 房地产”中收集的真实数据，来源于某市的房源数据。由于没有给出具体的公寓名称，我们先假设房屋名为 A、B、C、D……K。在该情况下，目的变量为“价格”。说明变量有“所处楼层”“面积（m^2）”“房龄”“公交（分）”“步行至车站所需时间（分）”等。

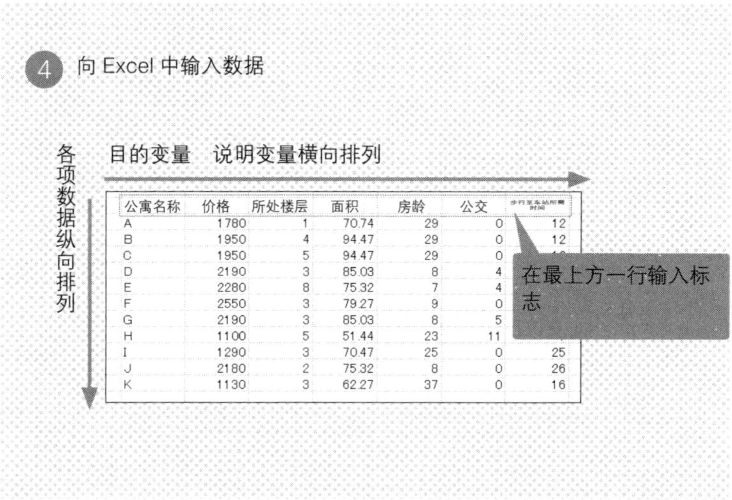

公寓名称	价格	所处楼层	面积	房龄	公交	步行至车站所需时间
A	1780	1	70.74	29	0	12
B	1950	4	94.47	29	0	12
C	1950	5	94.47	29	0	[illegible]
D	2190	3	85.03	8	4	[illegible]
E	2280	8	75.32	7	4	[illegible]
F	2550	3	79.27	9	0	[illegible]
G	2190	3	85.03	8	5	[illegible]
H	1100	5	51.44	23	11	[illegible]
I	1290	3	70.47	25	0	25
J	2180	2	75.32	8	0	26
K	1130	3	62.27	37	0	16

图 9　多元回归分析之二　输入数据

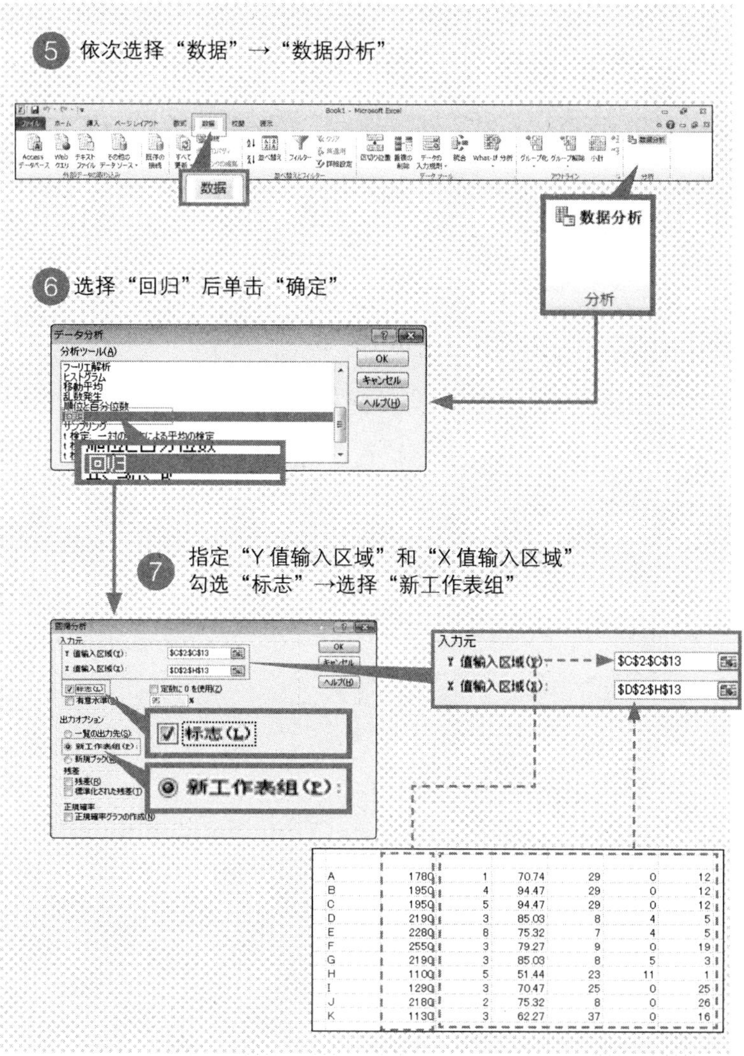

图 10　多元回归分析之三　指定分析的范围

“Y 值输入区域”是指选定目的变量。在该情况下，“价格”为目的变量，因此选定包括标志在内的全部房屋的价格。**“X 值输入区域”**是指选定说明变量。在这里说明变量包含从“层数”到“步行至车站所需时间”的标志和所有数据。完成后一定要勾选**“标志”**项，选择**“新工作表组”**。之后单击“确定”就会生成图 11 所示表格。

屏幕上会突然出现许多复杂的词语和看不懂的数字，请不要担心。**需要注意的是最下排表的“系数”这一列。**只看数字可能会觉得有点复杂。它们表示的是“左边的说明变量各自对价格有着怎样的影响”。明白了这些就可以读出以下信息。

房屋所处楼层每高一层，房价约提高 3 万日元

面积每增加一平方米，房价约增加 8 万日元

房龄每多一年，房价约下跌 36 万日元

乘坐公交车的时间每延长一分钟，房价约下降 95 万日元

从车站到公寓的步行时间每增加一分钟，房价约下降 24 万日元

从分析结果可以看出“在决定公寓价格的要素中，层数和面积影响较小，房龄以及到最近车站的距离影响较大”。

将图 11 的结果可改写为如下方程式（保留两位小数）。

价格＝2436.71（截距）万日元 +(3.09× 层数）万日元 +

（−94.64× 乘公交车的分钟数）万日元 +（−24.15× 步行至车站的分钟数）万日元

表格中的“截距”，指的是一次函数的图像与 y 轴的交点“y ＝ ax+b”中的 b，不过没能了解到这种程度也无妨。

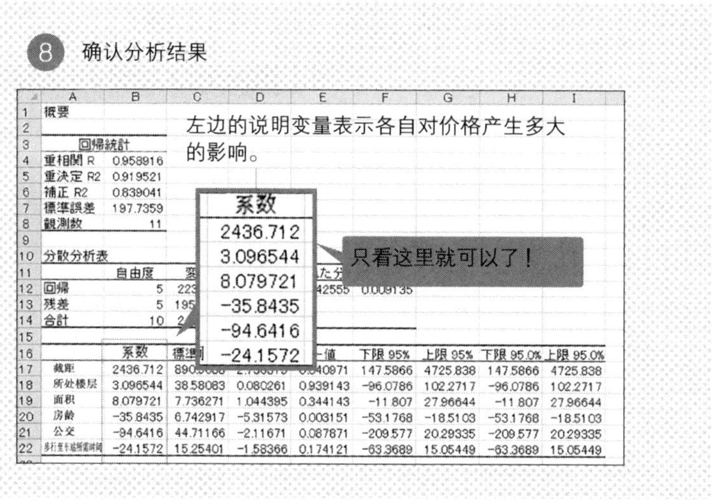

	A	B	C	D	E	F	G	H	I
1	概要								
2									
3	回帰統計								
4	重相関 R	0.958916							
5	重決定 R2	0.919521							
6	補正 R2	0.839041							
7	標準誤差	197.7359							
8	観測数	11							
9									
10	分散分析表								
11		自由度	[illegible]		[illegible]				
12	回帰	5	[illegible]		[illegible]	[illegible]			
13	残差	5	[illegible]						
14	合計	10	[illegible]						
15									
16		系数	[illegible]	[illegible]	[illegible]	下限 95%	上限 95%	下限 95.0%	上限 95.0%
17	截距	2436.712	[illegible]	[illegible]	[illegible]	147.5866	4725.838	147.5866	4725.838
18	所处楼层	3.096544	38.58083	0.080261	0.939143	−96.0786	102.2717	−96.0786	102.2717
19	面积	8.079721	7.736271	1.044395	0.344143	−11.807	27.96644	−11.807	27.96644
20	房龄	−35.8435	6.742917	−5.31573	0.003151	−53.1768	−18.5103	−53.1768	−18.5103
21	公交	−94.6416	44.71166	−2.11671	0.087871	−209.577	20.29335	−209.577	20.29335
22	步行至车站所需时间	−24.1572	15.25401	−1.58366	0.174121	−63.3689	15.05449	−63.3689	15.05449

图 11　多元回归分析之四　检验各项之间的相关关系

步骤 3　检验计算出的数据的“匹配程度”

分析到这一步就可以了。如果尚有余力，可以与一元回归分析时一样，尝试检验一下这些数据与现实的匹配程度。

首先请看图 12 ⑨中的“P- 值”。这个值表示“危险度”，数据越大越能够表示其中暗含了使算式不稳定的因素。因此删除“P-值”高的说明变量，重新生成原数据（图12⑩）再以同样的步骤进行多元回归分析。在此基础上用剩下的说明变量来检验计算方程式“与现实的匹配程度”。

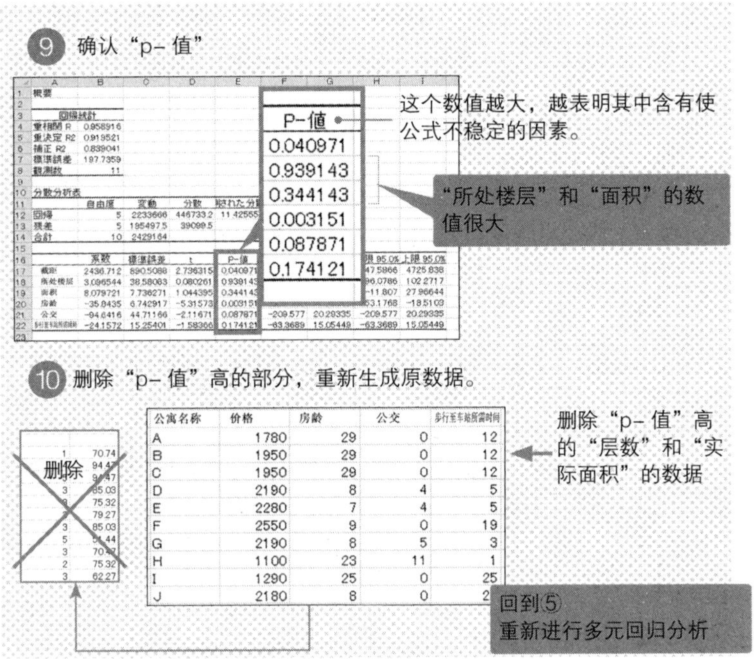

图12　多元回归分析之五　寻找最佳的“说明变量的组合”

一元回归分析中用“R平方值”进行验证，多元回归分析中通过计算“Ru值”进行验证。只是它与“R平方值”不同，Excel系统不会自动计算出来。

Ru值的计算公式如下。算式本身有点复杂，但输入Excel表格中后，就能自动出结果，所以，只要操作过一次，后面就没有那么难了。

$$Ru = 1-(1-R^2) \times (n+k+1)/(n-k-1)$$

“R^2”“n”“k”数值的意义和位置如下。（参照图 13）

“R^2”：多元回归分析的多元相关系数的平方→最上方的“回归统计”处“多元相关 R”的数值的平方

“n”：数据的数量→同在回归统计处的“观测值”的数值

“k”：说明变量的个数→位于中间“方差分析”中的“回归・自由度”的数值

只将这些数值输入到 Excel 表格中就能轻松得出 Ru 值。例如“房龄”“乘坐公交车的分钟数”“步行至车站的分钟数”三者得出的 Ru 值约为 0.7883。（图 13）

除此之外，利用其他说明变量的组合进行计算之后得出结论，Ru 值最高的组合为第一组计算的“房龄”“乘坐公交车的分钟数”“步行至车站的分钟数”。

Ru 值也可以表明“其数值越大，该组合就越是符合实际的正确数值”。因此可以得出，在该市的二手公寓价格决定因素中，“房龄”“乘坐公交车的分钟数”“步行至车站的分钟数”这一组数据与现实最为贴近。

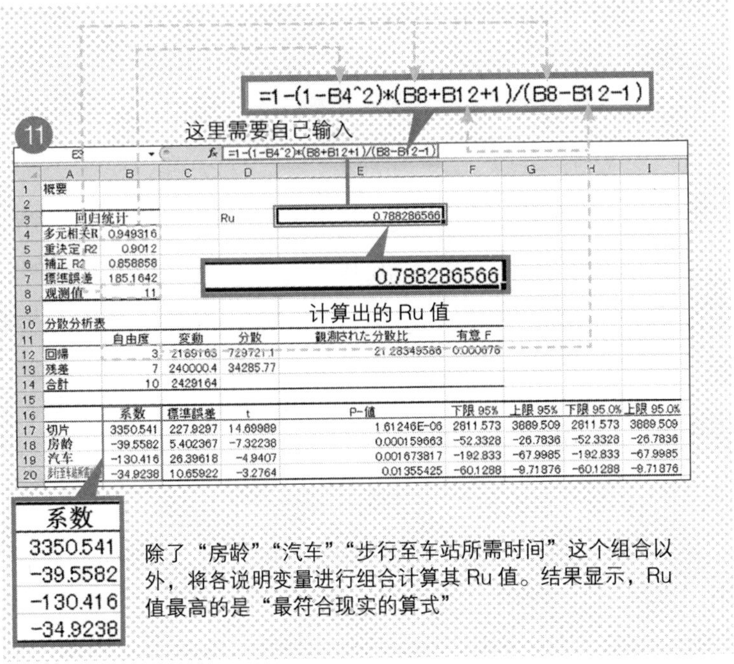

图 13　多元回归分析之六　计算出的 Ru 值

步骤 4　利用多元回归分析，检验房屋的价格是否合理

知道了“最佳说明变量组合”之后就该验证目标房屋价格是否与市场价相符了。例如，假设 C 某认为“房屋 C 还不错”。这种情况下，以图 13 中“系数”的数值为基础，用下列方程式验证房屋 C 的售价是否合理。（保留整数）

价格 = 3351（截距）万日元 +（−40× 房龄）万日元 +（−130× 汽车）万日元 +（−35× 步行至车站所需时间）万日元

这代入房屋 C 的实际房龄，乘公交车的分钟数和步行至车站的分钟数后，计算得出大约为 1770 万日元。这个值就是用多元回归分析得出的房屋 C 的合理价格。然而实际售价为 1950 万日元可以判断出“房屋 C 的售价高于市场价”。而且还可以通过比较得出，“出 1950 万日元购买 29 年房龄的房屋 C 的话，还不如再添 240 万日元购买 8 年房龄的房屋 D”。

这种包含太多复杂因素的数据，也可以经由多元回归分析，使人做出较为准确的选择。

如果将分析法活用在商业上的话，在为购物中心选址时可以将“销量”当作目的变量，“商圈人数”、“交通流量”以及“附近居民收入”作为说明变量来分析，这样能保证选址开店计划的可行性。或是将商品所具有的多种功能作为说明变量，也有助于确定作为目的变量的商品价格。

在 Yahoo!BB 促销活动中，也正是因为运用了多元回归分析法，才能根据阳伞的摆放位置和雇用工的熟练度等变量，进行了高精度的销量预测。与一元回归分析相比稍微有些费事，但绝对不是难以操作的，所以请试着将其运用到您的工作中去。

帕累托图分析法

——“需要优先解决的问题”一目了然

工作或生意上没能得到预想的成果显然是基层部门出现了问题。从管理层到基层员工都应当怀有一种“不解决问题就麻烦了”的危机意识。然而，即便是切实感受到了问题的存在，也很难正确把握实际业务中出现的诸多问题，很难在公司内部讨论中商讨出该从哪个问题着手。

有人主张“应降低商品的定价”，有人主张“对商品进行重新包装”，还有人主张“改变销售方法”。每个人都从个人的角度出发各抒己见，讨论只会是无交点的平行线。这个时候大多数公司的上司会说，“从我的经验来看，这个时候不要管商品，应该增加销售人数”。结果就凭老板一句话，事情就这么解决了。

正如第 1 章中所说，总是嗓门大的或位高权重之人的意见取得压倒性胜利的话，大家应该都对此心生厌恶了吧。要是这个意见恰当的话还好，如若偏离正轨，问题将始终得不到解决。不仅如此，有的问题解决了也得不到太大效果，只是白白浪费时间和人力。在这种情况下能明确指出“先从哪个问题着手”的就是帕累托图。

帕累托图是一种双轴图，它是由“将几个项目按数据的数值大小排列的柱状图”和“表示累计百分比的折线图”构成的。百闻不如一见，请参见图 14。

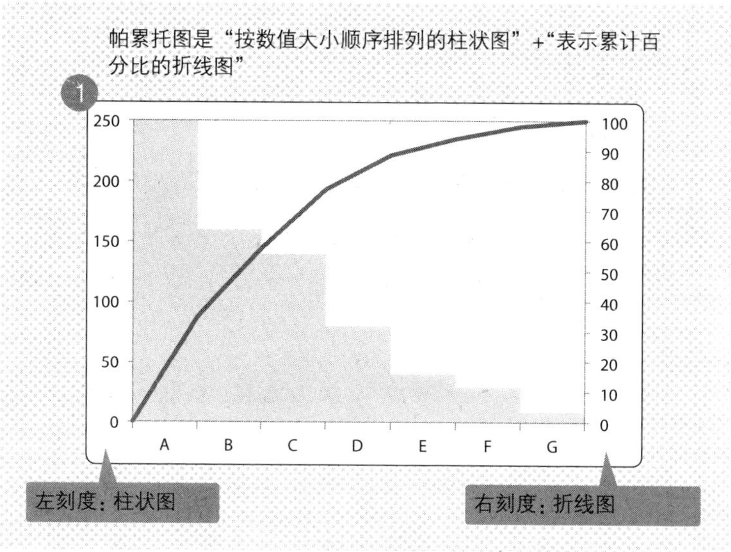

图 14　帕累托图是什么

图 14 就是帕累托图的样图。生成这张图之后，就可以将实际业务中的诸多问题按照原因进行分类，哪一项所占比例较大也就一目了然了。

事例

D任职的某公司开展了一项新业务却接到了连续不断的客户投诉。不仅数量庞大而且内容繁杂，一时间不知从何处解决。

客服部的D和他的同事们每天应对大量的投诉，叫苦不迭。

向上级反映"希望得到帮助"，得到的只是这样的回应："你们是现场应对的人员，还是多想想怎么提高自己的问题处理能力吧。"上级完全不给予帮助。

然而接到的投诉大多是关于商品的质量或是申请的手续太复杂等问题，D等人也深有感触。如果由于商品本身或是手续问题等原因，仅仅提高客服部的应对技巧解决不了任何问题。

怎么做才能说服上级，采取得当的方法减少投诉呢?

【利用帕累托图分析解决法】

步骤1　对投诉进行分类

在这样的案例中为了说服上级，要一边给他展示帕累托图，一边说明"这项投诉所占比率最高，请尽快着手解决"。这样直观展示数据的方法最为有效。

为生成帕累托图，首先要对投诉进行分类。如第1章所述，我任职于软银集团时使用的方法操作起来十分容易。打印出全部的投诉记录，并分成七个种类。之所以分成七个种类是因为如果分成更多种类的话，管理起来比较复杂（参考第 4 章第 6 节）。其目的在于区分优先顺序，因此只需粗略地进行分类即可。即便最初投诉堆积如山，“这两个都与‘商品质量’相关”“这两个都可以归类到‘支付方法’里”等按照这样的方式整理起来，最终就可以归纳整理为七种左右。暂且将七种投诉记作 A—G，来讲解帕累托图的制作方法。

步骤 2　用 Excel 表格制作帕累托图

打开 Excel 表格，按 A—G 投诉的次数按照降序输入表格中（图 15 ②）。下一步，计算各投诉占整体的比重并输入到表格中。投诉 A 占 35.2%，投诉 B 占 22.5%。在“次数”和“比例”之间空出一列。然后，在空出的一列中输入“累计百分比”。投诉 A 还是 35.2%，投诉 B 是与前者合计的 57.7%，之后以此类推，输入累计百分比。输入完成后，选中“投诉类型”、“次数”与“累计百分比”的部分（图 15 ③）。然后，单击“插入”—“图表”中的“柱形图”—“簇状柱形图”（图 15 ④），从而得到图 15 ⑤。系列 1 表示次数，系列 2 表示累计百分比。接下来，把累计百分比转换成折线图。单击鼠标左键，选中图 15 ⑤中累计百分比一列（系列 2）。

单击鼠标右键，在弹出的小菜单中选择“更改系列图表类型”(图16⑥)。在选择界面选择“折线图”，点击“确定”(图16⑦)。设置完毕后，累计百分比就由柱形图转换为折线图了（图16⑧)。右侧“图例”在此不需要，因此删除。然而这样一来只有图表左侧有刻度值。

要变成双轴图表的话，首先左键单击折线图选中后右键单击。在弹出的小菜单中选择“设置数据系列格式”(图17⑨)。从而出现如图17⑩所示的窗口，在“属性”中选择下方的“次坐标轴”，点击“关闭”，右侧即出现与折线图相对应的坐标轴（图17⑪)。

最后，去掉柱形图的间隔。单击鼠标左键选中柱形图，单击右键选择“设置数据系列格式”(步骤与图18⑫相同)。在这里将“分类间距”由默认的“150%”调整到“无间距(0%)”(图18⑫)，设置完成后的柱形图就会紧紧排列在一起(图18⑬)。

以上就是简易版帕累托图的制作流程。

正式的帕累托图如图18⑬所示，折线图必须从零开始。此外，累计百分比的最大值是100%，然而图18⑬的简易版的刻度值却达到了120%。从这些地方看来，简易版与正式版相比还存在不足。但是，我们的目的是明确需要优先解决的投诉类型，因此简易版就足够了。如果想了解正式版的制作方法，可以搜索“帕累托图制作方法”，网上有多种简单易懂的操作说明以供参考。或者，读者可以阅读一下拙作《超强法则：让你的资料10秒钟说服世界顶尖人士》(东洋经济新报社出版），在这本书中也有对帕累托图制作方法的详细介绍。

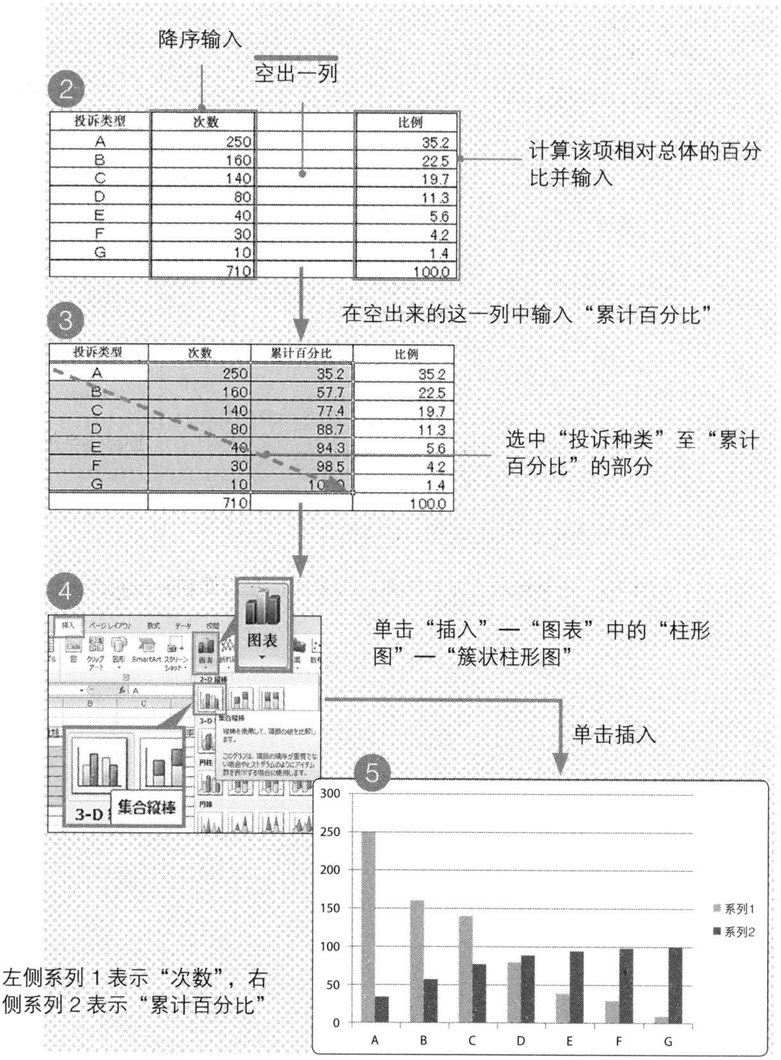

图 15　帕累托图之一　将数据转换成柱形图

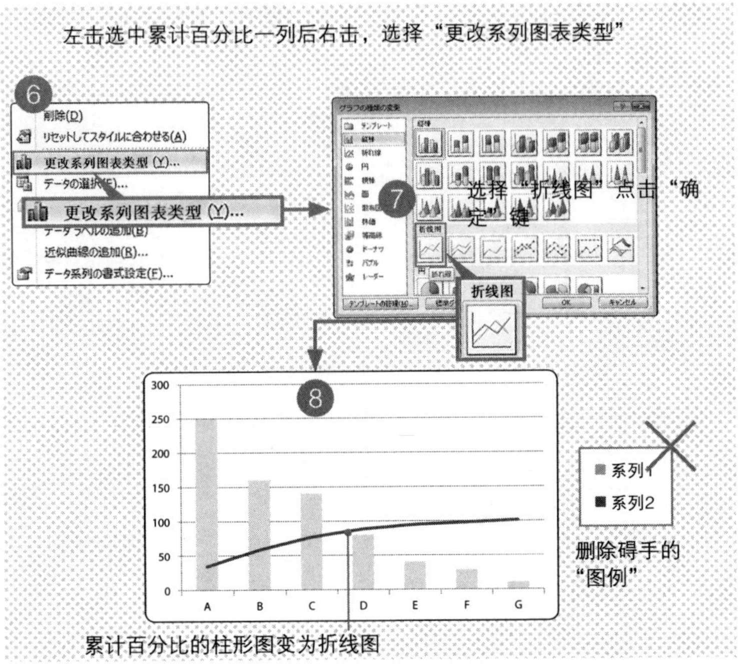

图 16　帕累托图之二　将累计百分比的柱形图转换成折线图

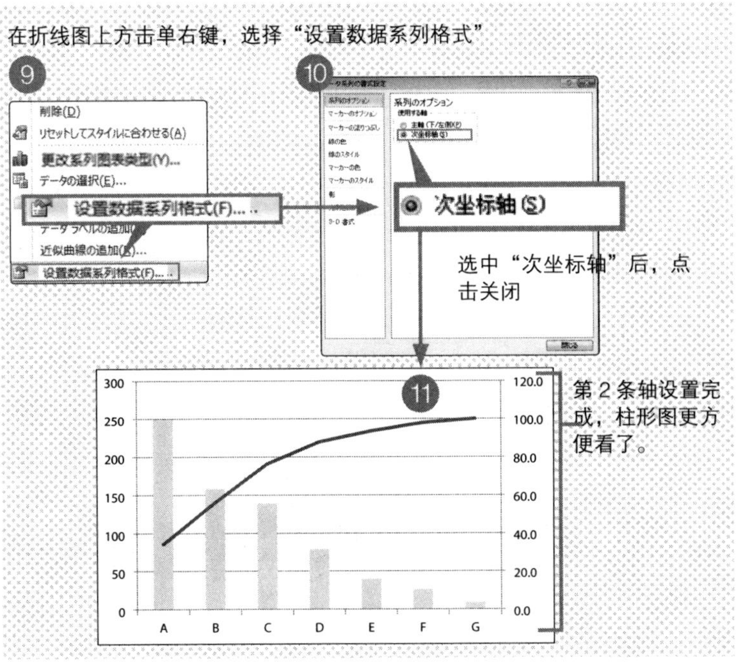

图 17　帕累托图之三　变成右侧也有刻度值的双轴图表

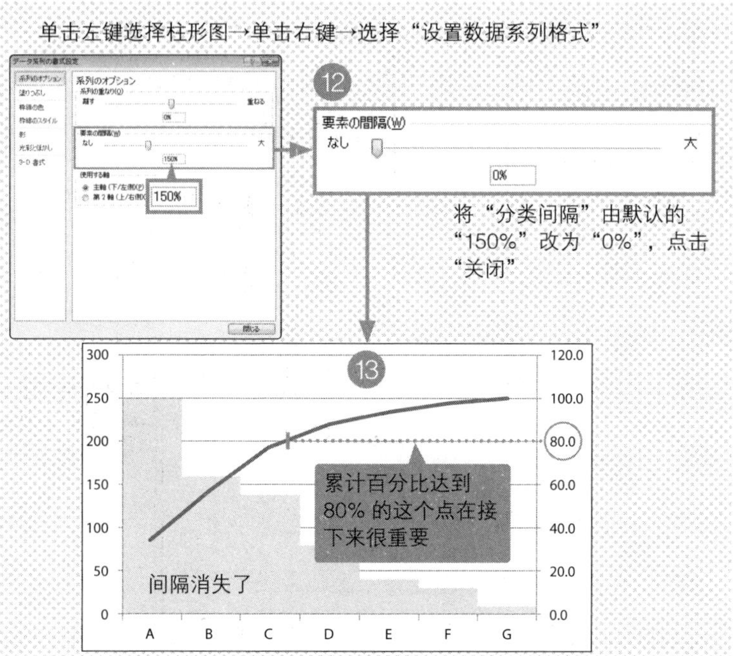

图 18　帕累托图之四　去掉柱形图的间隔

步骤 3　分析帕累托图，确定优先顺序

接下来让我们通过制作好的帕累托图来分析应该先解决哪一类投诉。

请读者回忆一下我们在第 1 章中所介绍的“二八定律”：“少数因素（20%）决定整体大部分（80%）的成效。”这时，我们一旦明确了哪类投诉在总体中占 80%，将其解决，就可以使投诉件数大幅减少。

让我们再看一下图 18⑬。折线图与刻度值 80% 的那条线的相交处紧贴着投诉 C 的右边。也就是说，只要解决了投诉 A、投诉 B、投诉 C 就能基本解决总体的 80%。由此我们可以判断：应该先将其他类型的投诉推后，首先集中精力解决投诉 A、投诉 B、投诉 C。

即便老板命令你 “先把投诉 D 解决了”，只要给他看这个帕累托图，将数据一清二楚地呈现出来，告诉他从现状分析来看应该先从投诉 A、投诉 B、投诉 C 入手，那么想必不管是地位多高的人，应该也不会再反对了。

TORAIZ 的经营战略中也运用了帕累托图

类似在分析投诉、故障、事故等情况时常用的帕累托图还多用于其他场合。例如，在开展 “一年时间熟练掌握英语” 的项目 TORAIZ 之初，我就利用了帕累托图来制定经营战略，明确优先发展的方向：是服务、设施，还是价格方案，从而获得更多生源。

在原始数据的选择上，我采用了教育信息网 resemom 发布的 “选择英语口语培训机构的根据” 这一问卷调查的结果（图 19）。如要使帕累托图的分析更加明确化，最理想的是单选题，但是这个问卷调查是多选。因此我要先换算成百分比后加权，使数据更加直观明了。

14 教育信息网 resemom（https://resemom.jp/）在 2013 年实施的有关“选择英语口语培训机构的根据（可多选）”问卷调查的数据

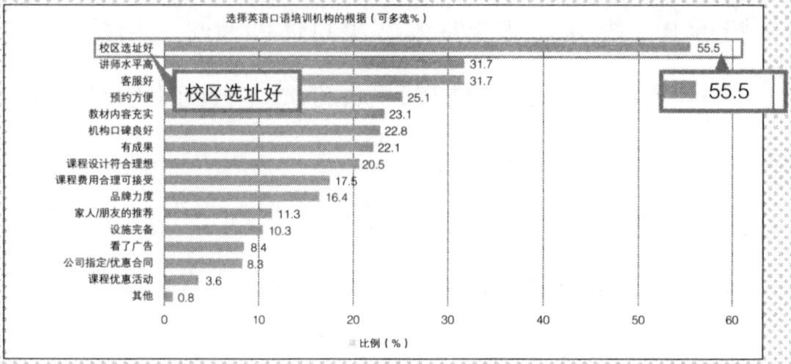

调查结果如上图所示
以此对 TORAIZ 的事业开展进行分析

图 19 帕累托图的应用法——TORAIZ 的事例一

在 Excel 中输入问卷的原始数据和经过百分比换算后的数值，计算累计百分比（图 20）。将它制成帕累托图，就得到了图 21。由图可知，“校区选址好”“讲师水平高”“客服好”“预约方便”“教材内容充实”“课程设计符合理想”等项占了 80%。而“课程费用合理可接受”“品牌力度”等项却不在这 80% 中。因此，我将价格因素放在次要位置，制定出了一套以优先实现“校区选址好，讲师水平高，客服好，预约方便，教材内容充实，课程设计符合理想”为目的的经营战略。

TORAIZ 的校区全部选址在东京的六本木一丁目、新宿、赤坂、田町、大阪的梅田等黄金地段，今后还将在银座和横滨也开设新的培训班。我们的课程方案是结合学生的学习目标定制的，教材也是从世界范围内筛选出来的最合适的内容。并且，我们在教学中实行责任制，为每名学生都配备了私人培训师，针对其学习目标为他选择最合适的当地教师。

15 要进行帕累托图分析，理想的是单选题，但是这个问卷调查是多选。因此先换算成百分比后加权，使数据更加直观明了

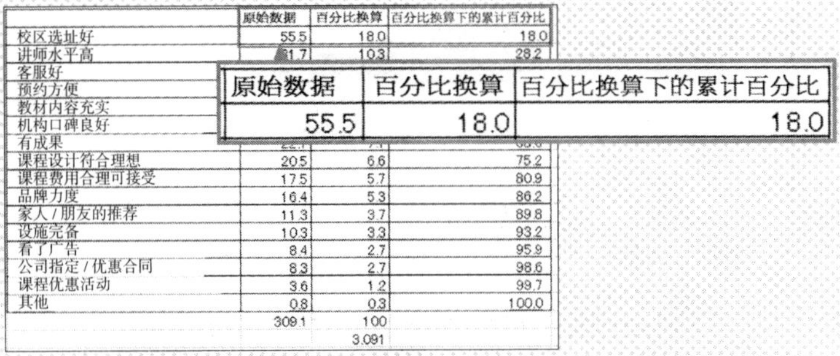

	原始数据	百分比换算	百分比换算下的累计百分比
校区选址好	55.5	18.0	18.0
讲师水平高	[illegible]	10.3	28.2
客服好	[illegible]	[illegible]	[illegible]
预约方便	[illegible]	[illegible]	[illegible]
教材内容充实	[illegible]	[illegible]	[illegible]
机构口碑良好	[illegible]	[illegible]	[illegible]
有成果	[illegible]	[illegible]	[illegible]
课程设计符合理想	20.5	6.6	75.2
课程费用合理可接受	17.5	5.7	80.9
品牌力度	16.4	5.3	86.2
家人 / 朋友的推荐	11.3	3.7	89.8
设施完备	10.3	3.3	93.2
看了广告	8.4	2.7	95.9
公司指定 / 优惠合同	8.3	2.7	98.6
课程优惠活动	3.6	1.2	99.7
其他	0.8	0.3	100.0
	309.1	100	
		3.091	

原始数据	百分比换算	百分比换算下的累计百分比
55.5	18.0	18.0

在 Excel 中输入问卷调查原始数据的数值和百分比换算后的数值，计算累计百分比

图 20　帕累托图的应用法——TORAIZ 的事例二

16 将图 20 中的数据制成帕累托图来分析，以此来明确需要优先的服务

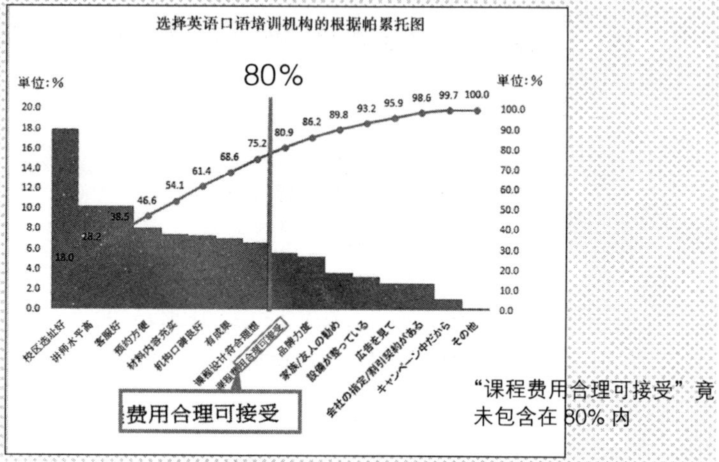

图 21　帕累托图的应用法——TORAIZ 的事例三

实行了责任制，时间段也能够得到指定，这样一来客户对客服“预约不上”的投诉也没有了。通过帕累托图的分析，我抓住了解决问题的关键点，才使 TORAIZ 得以迅速发展壮大。而如果没有这个分析，恐怕也不会取得这样快速有效的成果。倘若你也身处一堆困惑中间不知道从何下手，那么我建议你制作一张帕累托图，一定很快就会找到答案。

T 型账户

——面对复杂的业务流程也能轻松突破瓶颈

你是否也有这样的烦恼呢？明明已经在拼命工作了，但工作却在案头越攒越多。然而，一旦要处理的事情多如牛毛，业务流程错综复杂起来，便难以掌握问题所在。抱着这样的困惑束手无策，只能任由无法完成的工作在眼前越积越多。日子一天天过下去，你也越来越疲惫，这种现状在商务人士中间并不少见。

我被日本社会保险厅的年金记录问题作业委员会叫去的时候，现场就是这种情况。为了解决“消失的养老金问题”，他们给所有的参保人都邮寄了“养老金特别信函”，让参保人确认自己的记录后再邮寄回来。然而这样一来，现场堆满了从全国各地寄来的文件，根本无法处理，完全陷入了一片混乱。我第一次踏进去的时候被眼前的景象惊呆了，这个地方像大型仓库一样，未处理的文件堆积如山。

引发这一状况的瓶颈是什么呢？为了探究明白，我使用的方法就是“T 型账户”。T 型账户原本是簿记方法的一种，是画一个“T”字的表，对每个账户的交易往来进行汇总的方式。读者可能听到“簿记”二字就会觉得这个方法很复杂，其实完全不是这样。概括来说，T 型账户就是**将“增加数目”与“减少数目”一目了然地整理出来，从而管理“目前手头上剩余数目”**的方法。在簿记中，它用来管理金额与资产的数目；而到了工作中，它可以用来管理工作数目、文件数目、库存数目等等。而其结构也十分简单，只要会加减法，任何人都可以熟练掌握。那么接下来，我就阐述一下具体的操作方法。

案例

E 先生在某证券公司工作。今年 1 月份公司大幅扩大了“个人缴费预定型养老金”的用户规模并成立了专门小组来处理用户申请表。他担任小组的组长。

然而由于公司内部体制整编的推迟，他们的处理工作难以进行，客户的申请表源源不断地送来，逐渐堆积如山。需要确认的项目太多了，而且数据录入本身也需要花费时间，再加上由于申请表的份数与填写部分过多而产生许多漏记等，E 先生的小组常常需要给顾客发送文件以进行再次确认。

因为他们的工作量增加，应对问题花费时间，所以文件的处理工作继续延迟。顾客“为什么开个账户还要花这么长时间”之类的投诉也越来越多。E 先生虽然也觉得必须要做点什么来改变现状，但不知道瓶颈在哪里，总是无从下手。那么到底怎么做才能找到问题根源从而突破瓶颈呢？

【T 型账户解决方案】

步骤 1　记录今天的“增”与“减”

首先，为了理解 T 型账户的结构，我们来记录一下工作整体的“增加数目”与“减少数目”。准备一张 A4 纸，写一个大大的“T”字（参照图 22）。然后，在 T 字的左上角写上“昨天未处理完的申请表的数目”，也就是“今天早上工作时间开始时 E 先生小组手中剩余的库存”。在 T 字的左下角写上“今天早上新到的申请表的数目”。

左边这两个数据相加，就是今天的“增加数目”。假设昨天未处理完的申请表是 150 份，今早新到的申请表是 450 份，那么今天的“增加数目”就是 600 份。今天的工作结束后，就在 T 字的右侧分别记录“已正常处理无漏记的申请表的数目”和“有漏记需修改的申请表的数目”。假设二者相加得出的数据是 450 份，那么与之前的“增加数目”相减（600–450）所得的 150 份就是剩余的数目，也就是“今晚工作结束时未处理完的申请表的库存数目”，再将其写在 T 字的右下角。

这样整理下来，今天的“增加数目”与“减少数目”就一目了然了。而且还有一点，T字左右两侧的总数应该相等。如果左右两侧不等，就意味着某一部分的数据出了差错，需要重新统计。

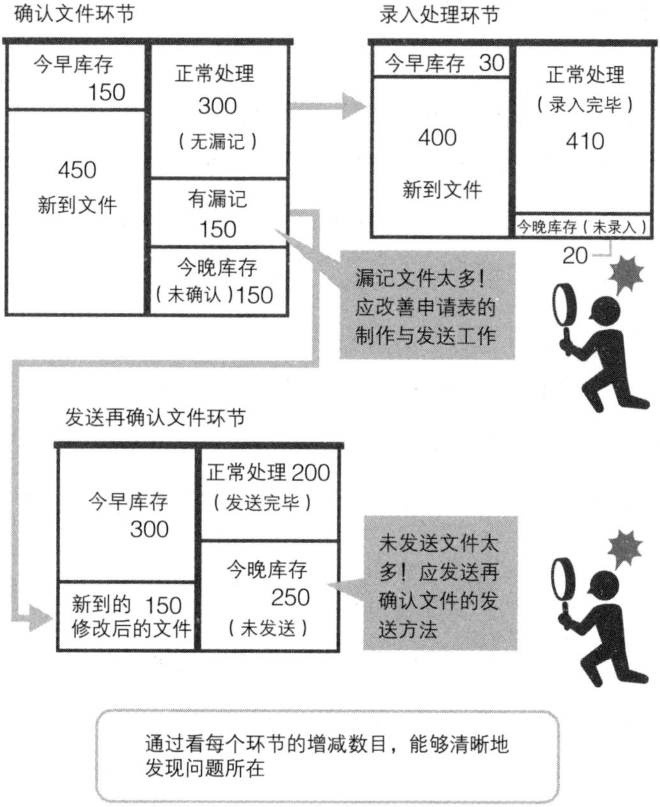

图22　使用T型账户记录“增加数目”和“减少数目”

步骤 2　在每个环节上分别记录当天的库存

了解了 T 型账户的使用方法，接下来在每个业务环节中分别记录下当天的“增加数目”和“减少数目”。在本案例中，如图 22 所示，业务流程环环相扣。无漏记的文件送去录入电脑，有漏记的文件需要让客户重新确认。

使用 T 型账户记录每个环节左右两边的数据，这样一来，只要每天检查右侧的“库存（未处理的件数）”，就可以清楚地看到库存积压在哪一环节上。而这个环节就是拖延业务总体进度的瓶颈。

步骤 3　突破瓶颈，着手改善

由图 22 可知，与其他环节相比，很明显在“发送再确认文件环节”上有库存增加。这就是瓶颈所在。知道了这一点，我们就可以自然而然地找到改善方案。

此处工作滞后的原因有可能是人员不足或员工不够熟练。因此需要尽早采取改善措施，例如增加人手、重新进行人员配置、引进工作效率高的员工等。而且从图中还可以看到，新到的申请表中每三份就有一份存在漏记，不得不转入发送再次确认文件的环节。这个数据太大，因此制定减少漏记的方案也是必不可少的。所以，E 先生对负责申请表的制定和发送的小组提出了建议：将漏记特别多的地方总结成一份注意事项，附在申请表的后面一起发送出去。这样一来，瓶颈得以解决，团队整体的处理速度应该就能切实地提升上来了。

采用T型账户，四倍提升“养老金特别信函”的业务效率

如上所述，利用T型账户把握好每一天每个环节数据的增减，就可以一目了然地发现瓶颈所在。如果只管理整体的“增加数目（送来的申请表数量）”和“减少数目（处理完毕的申请表数量）”，那么对于采取怎样的措施能使情况好转，恐怕完全找不到头绪。虽然这个方法与本章开头所介绍的“流程分析”手法相似，但是像本案例这样业务流程复杂、管理数目庞大的情况，还是采用T型账户更合适。

回到与我相关的“养老金特别信函”的问题上。未处理的文件最初超过了500万件，为此我将工作分为了四个环节，运用T型账户来管理各环节的进展情况。由于数据太过庞大，所以为了计算准确，我引入了能实时掌握业务流程的条码仓库管理系统，不过原本的起点依然是简简单单在一张A4纸上画出T型账户。

运用这个方法，瓶颈得到了解决，整体的处理能力也突飞猛进。一年左右的时间里，业务效率得到了四倍的提高。而数百万件这样听起来就让人头大的数据，其实只要运用T型账户也能管理得井井有条。如果你正看着眼前的工作堆积如山，不知如何是好，那么请你一定要熟练掌握T型账户[①]的方法，“一张A4纸，手写就OK”。

---

① 本书中的“T型账户”与接下来即将讲述的“差异分析法”是笔者在簿记知识的基础上加入了自己想法的内容，如果读者想要了解严谨的定义与操作方法，请阅览专业书籍或在网上浏览相关的专业资料。

差异分析法

——探究计划与现实之间产生差距的原因

差异分析是一种对“计划”与“实际结果”进行比较，并分析差距产生原因的方法。很多时候，你虽然实行了商业计划，但现实还是困在了预算和成本上，没能达到理想的效果。这种事很常见。这时，重要的是找出问题的根源。

想高效运转 PDCA 循环，必须在“DO（实行）”之后迅速进行“CHECK（检验）”，在此基础上寻找更好的改善方案，然后再付诸实践。然而，只看整体结果是不会明白计划与现实之间产生差距的原因的。

一般来说，计划值与实际值之间产生差异都是受到了多个因素的影响。其中特别是针对只有两个主要因素的情况，运用差异分析可以明确地找出究竟哪个因素的影响更大。

案例

为了提高公司新推出的服务的知名度，F 先生所在的市场营销团队在网上开展了广告宣传。

然而实际费用却超出了预算。

F 先生看了下账单，发现预算在 100 万日元，而实际花费大概在 122 万日元。再看明细，不仅是单次点击价格，连点击次数也超过了原计划的数据。

一般来说，检索联动型广告是将单次点击价格作为指定价进行投标，因此实际收取的费用应该低于这个数据，然而对方负责人似乎将上限提高了。那么要从哪里入手才能改善状况呢？

【通过差异分析制定解决方案】

步骤 1　通过双轴整理“计划”与“实际结果”的差异

F 先生公司所付的广告费用是“单次点击价格 × 点击次数”。计划阶段的预算如下：

- 单次点击价格→ 100 日元
- 点击次数→ 1 万次

因此预算控制在 100 日元 ×1 万次 =100 万日元以内。

然而实际数据是这样的：

- 单次点击价格→ 120 日元

· 点击次数→ 1.02 万次

因此实际费用是 120 日元 ×1.02 万次 =122.4 万日元。即，“计划”与“实际结果”的差异为“22.4 万日元”。将这一结果用“单次点击价格”和“点击次数”的坐标轴整理出来。结果如图 23 所示。

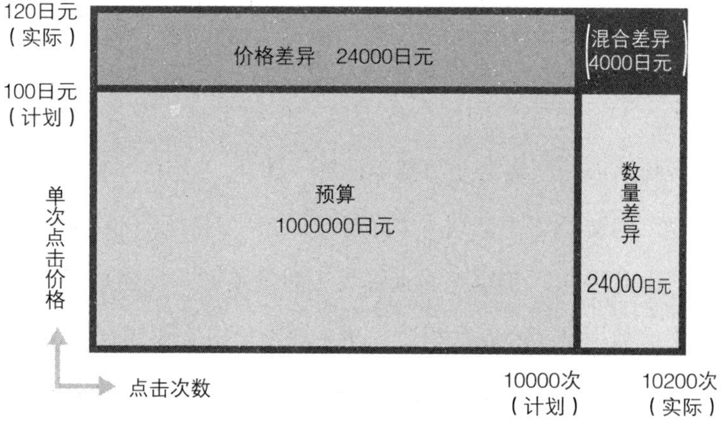

图 23　通过差异分析探明原因

步骤 2　比较“价格差异”与“数量差异”

从这张图来看，差异无非就是“价格差异”与“数量差异”这两种。前者是由于单次点击价格上涨，后者是由于点击次数增加。接下来我们来计算一下它们各自的数值。单次点击价格的计划与实际结果的差异是“20 日元”。点击次数的计划与实际结果的差异是“200次”。从而得到如下结果：

价格差异→20日元×1.02万次=20.4万日元

数量差异→120日元×200次=2.4万日元

（注：右上角的“价格差异”与“数量差异”重叠的部分“混合差异”在成本的差异分析中通常包含在“价格差异”里。这是由于价格不能由公司控制但数量可以在公司内改善。只是这里以网络广告为例，价格也是一个改善对象，所以价格差异与数量差异都要计算。因此，“价格差异+数量差异”的结果与“计划—实际情况=22.4万日元”不一致。）

由此可知，价格差异远远大于数量差异。也就是说，与点击次数增加了200次相比，单次点击价格上涨20日元的影响才是巨大的。因此我们可以判断，超出预算的主要原因是“单次点击价格过高”。而单次点击价格超出预算则是因为相对于广告出现的次数，广告的点击率太低。所以说，F先生的团队现在应该做的事是提高点击率。

因此，F先生向团队负责人建议：修改广告标语和版面的设计，来吸引更多的用户点击；另一方面，虽然从分析来看数量差异排在次要位置，但还是要严格管控其预算上限。通过这样对“计划”与“实际结果”的差异分析，就可以明确解决问题的入手点。

如果你想提升 PDCA 的“C”的精确度和速度，从而能够迅速转战“ACTION（改善）”，也请一定好好运用差异分析，它会给予你很大帮助。

LTV 分析法

——实现 LTV 最大化的成本投入法

在第 1 章中我们说过，今后的时代应当重视“客户终身价值（LTV）”，对于商务人士来说这将是决胜的关键。为什么重视 LTV 就等于掌握了优势呢？这是因为，与其他没有意识到这一点的竞争对手相比，他们会投入更多客户获取成本。

广告费用、价格优惠协议、给代理商返利……这些客户获取成本需要投入多少，可以由 LTV 进行逆向计算。例如，假设现在有两种服务，每月收费都是 300 日元。

服务 A：每名用户平均使用两年，那么一名用户的 LTV 就是 7200 日元。

服务 B：每名用户平均只使用一个月，那么一名用户的 LTV 就是 300 日元。

LTV 足足相差了 24 倍，所以不能因为每个月的销售额相同就认为 A 和 B 所投入的客户获取成本相同，这是明显的误区。

这样说起来好像理所当然，似乎在经营中永远都“一次就卖空”的公司，会比较缺乏“LTV 最大化”的理念。因此，有些公司虽然重视客户获取成本并多加投入，但是没有找准标准线，还是错过了原本能够获得的 LTV。这样的事情数不胜数。

有人可能会问了：“那么让 LTV 最大化的成本投入到底要怎么算？”不用担心，LTV 的计算方法没有那么难。接下来我们就以下面的案例为基础进行详细的说明。

案例

G 先生在一家 IT 企业工作，这家企业迄今为止已推出了几十个 APP。企业规定，每个 APP 的广告宣传费、促销费等客户获取成本都要按照“APP 销售额的 15%”进行投入。

G 先生之前一直是一心执行上级命令的，但这一次他有了个想法：“比起快要从市场上淘汰的那些 APP，是不是可以把宣传费和促销费更多地投入到那些用户人气持久的 APP 上来呢？”但是，具体要投入到哪个 APP、最多要投入多少钱，他并不能拿出精确的数据，就算要向上司提议也毫无依据。

他要怎么做才能知道投入成本的上限呢？

【通过 LTV 分析的解决方法】

步骤 1　计算每种广告媒体和促销手段的客户获取单价

针对 G 先生公司运作的三个 APP，分别应该投入多少客户获取成本呢？让我们来检验一下。首先，整理每个促销活动的客户获取成本的数据。将数据按照以前合作过的广告媒体与采用过的促销手段归纳为活动 A—H，如表 1 所示，客户获取成本的最小单价是 100 日元，最大单价是 1600 日元。

可能会有人说："一直采用单价 100 日元的方法来获得客户不就行了吗？"然而，不管是什么媒体或怎样的促销手段，一般来讲都是越用成本越高的。最初只用 100 日元就获得了一名客户，不久后便是 200 日元、300 日元……以此类推下去。而如果不再投入更多成本的话，就会慢慢失去新顾客市场（参照"边际效用递减法则"）。而且，不管多么有效的手段，它所能获得的媒体与客户数量都是有上限的。因此必须要采取多种多样获取客户的方法。

然而，经营者能投入的成本也是有限的，在客户获取成本超过 LTV 时便会亏损（事实上还需要投入客户维持成本，但是为了将本案例简单明确化，在此忽略不计）。让我们从客户获取单价低（获取效率较高）的方法入手，计算一下活动 A—H 区间中使 LTV 最大化的基准线。

表 1　LTV 分析之一　各活动的客户获取成本

	获取单价
活动 A	100日元
活动 B	300日元
活动 C	450日元
活动 D	700日元
活动 E	900日元
活动 F	1200日元
活动 G	1300日元
活动 H	1600日元

① A—H 的范围内，应该到哪一项为止可使 LTV 达到最大呢？

获取一名新顾客的平均成本是多少？

步骤 2　计算每个 APP 的“扣除获取成本前的 LTV”

请读者浏览表 2。这个表列出了三个 APP“每月销售额（收费）”与“平均停留时间（顾客使用时间）”，还表示了两者相乘所得的“扣除获取成本前的 LTV”。

“扣除获取成本前的 LTV”是扣除广告费用、促销费用等成本之前的 LTV。例如 APP（1）每月收费 420 日元，每名顾客平均停留时间为 3 个月，那么它扣除获取成本前的 LTV 就是“420 日元 ×3 个月 =1260 日元”。另外，此次 LTV 设定在 1 年以内，因此不考虑折扣率因素。

表 2　LTV 分析之二　各 APP 扣除获取成本前的 LTV

②

	扣除获取成本前的 LTV	1	2	3	4	5	6	7	8	9	10	11	12
APP（1）	1260	420	420	420									
APP（2）	2400	200	200	200	200	200	200	200	200	200	200	200	200
APP（3）	1400	280	280	280	280	280							

步骤 3　计算“累计 LTV”最大化的基准线

接下来，计算这三个 APP 分别要追加多少客户获取成本最合适。

以 APP（1）为例，结论是“到活动 F 为止最为理想”。请读者浏览表 3。假设各项活动所获得的客户数量如表 3 所示（解释详见本部分最后的注），将每项活动的“扣除获取成本前的 LTV”与“（扣除获取成本后的）LTV”及每项追加活动的“累计 LTV”依次计算后制成表格。

如果做到活动 E 就截止，那么累计 LTV 是 108.17 万日元；如果做到活动 F 截止，累计 LTV 是 108.77 万日元；然而做到活动 G 时，LTV 就会为负，累计 LTV 也会触顶下跌至 108.57 万日元。也就是说，到活动 F 为止最好就不要再往下做了。由此可以判断，累计 LTV 最大化的基准线是“到活动 F 为止”。

这样计算下来，就不会大手一挥定下“所有广告费一律按销售额的 15% 来出”这样粗糙的成本管理，而是细致地了解各个商品、服务的顾客获取成本投入的上限标准，使 LTV 实现最大化。

而这一系列的前提是员工在一定程度上了解各个活动所能获得的客户量。设置这个前提是为了让我的说明更加简洁，而在实际的商务中，有很多时候是你事先一无所知。这种情况下，如果是孙正义，他会采取的方法是：“先把各种活动方案全部实践一遍，小规模即可，然后对结果进行数据化分析，从而更精确地推测活动所能获取的客户量。”这种“PLAN（分析）之前先 DO（实行）”的思维方式与行为模式，将在后续第 3 章中详述。

表 3　LTV 分析之三　APP（1）的上限

3

APP（1）	获取数量	获取成本	扣除获取成本前的 LTV	LTV	累计 LTV
活动 A	LTV	累计LTV	378000	348000	348000
活动 B	200	60000	252000	192000	540000
活动 C	250	112500	315000	202500	742500
活动 D	400	280000	504000	224000	966500
活动 E	320	288000	403200	115200	1081700
活动 F	100	120000	126000	6000	1087700
活动 G	50	65000	63000	−2000	1085700
活动 H	30	48000	37800	−10200	1075500

到活动 F 为止最为理想

此处累计 LTV 达到最大

强烈推荐工具之一

轻松了解问卷调查的最佳样本量

你有没有过这样的烦恼？在进行问卷调查或用户问卷时，不知道到底应该收集多少份回答。而费时费力好不容易完成调查后却又被上司驳回："回答人数太少了，就给我这样的数据可不行。"有过类似经历的人想必不在少数。

的确，回答人数过少的话，得出的数据恐怕不足为信。但是预算有限，你不可能无限地增加样本数量。而委托给调查公司的话，他们会建议："要得出可信的结果需要多少人回答。"但这个数据真的是最合适的吗？这很难判断。即便你心里觉得他们恐怕是为了抬高调查费用才故意多说的，也没有证据来反驳。

实际上有一种工具可以解决你的这种烦恼。那就是"Survey Monkey Sample Size Calculator"（https://www.surveymonkey.com/mp/sample-size-calculator）。

首先，SurveyMonkey（https://jp.surveymonkey.com/）是世界上规模最大的在线问卷调查服务网站。只需几分钟，就可以在网页上轻松完成专业调查问卷和表格的制作，而且其基础功能是免费的。

SurveyMonkey 的英文版网站上有一个非常简洁的计算工具"Sample Size Calculator"（参照图 24。稍后我会介绍具体的操作方法，因此不擅长英语的读者也无需担心）。在分别指定“总体＝Population Size（%）”“置信水平＝Confidence Level（%）”“边际误差＝Margin of Error（%）”后，就可以瞬间计算出**“所需回答人数（样本量，Sample Size）”**。

读者可能会被这些专业术语吓一跳。没关系，我们现在来逐一进行解释。

“总体”是想要通过调查来了解的对象群体。例如在调查一个公司员工满意度时，它的全体员工就是总体。

“边际误差”是调查结果允许出现的误差范围，最常用的数值是“5%”。例如，在调查结果是 60% 时，如果边际误差是 5%，那么允许出现的误差范围就是“55% ~ 65%”。

“置信水平”是样本反映总体的比率，一般设定为“95%”。即，在同一条件下将同一问卷调查进行 100 次，其中 95 次都在边际误差的范围之内。

（注：虽然在 SurveyMonkey Sample Size Calculator 中没有指定，但是样本量的计算中通常都要指定“回答率”。“回答率”是选择特定回答的比率，而很多情况下必须要经过实际调查才能确定。回答比率在“50%”时，得到的结果最保险，也就是所需样本数量最多。因此，在你不知道应该将比率数值设为多少的时候，选择“50%”是不会出错的。）

那么我们应用 SurveyMonkey Sample Size Calculator 来计算

一下吧。假设员工数1万人的某公司内部要实行一项问卷调查。于是，我们指定“总体=10000”“置信水平=95(%)”“边际误差=5（%）”，点击“Calculate（计算）”。在“Sample Size”的下方就会得出“370（人）”的计算结果（图24）。

这意味着，随机抽取370名员工进行调查，在同一条件下将同一问卷调查实行100次，其中95次都在边际误差5%的范围之内。由此我们基本就可以得出结论：“这一结果等同于对全体员工进行了问卷调查的结果。”

有趣的是，即使将总体增加到1万、10万、100万，其样本量也基本不变。例如，在“置信水平=95（%）”“边际误差=5（%）”的条件下，总体增加到10万，其样本量是“383”；再增加到100万、1亿、1万亿，其样本量都是“385”（读者可以实际输入数据试一试）。

了解了“样本量（所需回答人数）”，再考虑一下问卷的“回收率”，就可以计算出最终发放问卷的数量。以刚才的公司为例。假设一直以来的问卷回收率都在50%左右，那么随机抽取“370÷0.5=740人”的员工发放调查问卷，就可以得到置信水平95%、边际误差5%的结果。

掌握了这些之后，再面对问卷调查公司的方案，你就可以理直气壮地进行交涉了。如果他们说：“要得到可信的结果需要1000个样本”，你可以从容地告诉他“400个就够了”。或者在上司跟你说“样本量太少”时，你也可以向他解释：“只要400个样本就足以保证95%的准确率，将误差控制在5%

以内。”当然了，如果想要“切实听到所有员工的心声”，也可以将置信水平设置为 99% 进行计算（当然，这比起置信水平 95% 时需要更多的样本数量）。总之，比起毫无论据只能围着调查公司和上司的指令转的情况，这个工具会帮助你获得低成本、高准确率的调查结果。

SurveyMonkey Sample Size Calculator

https://www.surveymonkey.com/mp/sample-size-calculator/

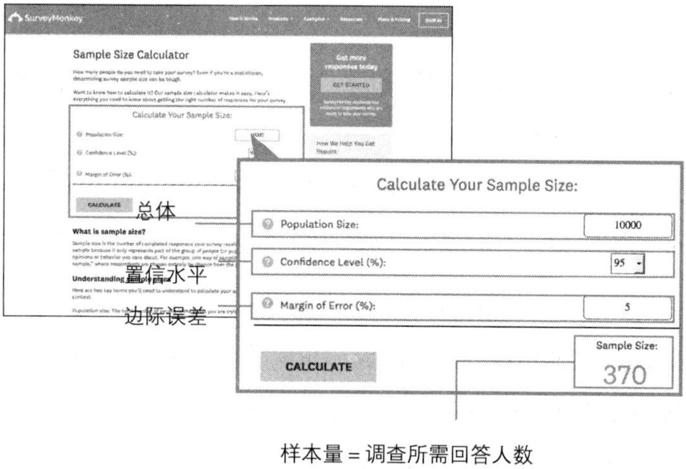

对一个 1 万人的公司进行员工问卷调查时，随机抽取“370 人”，就可以知道“即使将同一问卷调查实行 20 次，也有 19 次的结果与调查全员 1 万人的结果之间的误差前后不超过 ±5%”

图 24　能轻松算出调查问卷所需回答人数的便捷工具

强烈推荐工具之二

轻松实施“AB 测试”

“和我想的不太一样啊。”

你公司里的上司有没有很爱把这句话挂在嘴边呢？给他看了网络广告的设计方案，他说“好像和我想的不太一样啊，你再想个别的吧”。于是你只能再拿出第二套方案，然而他又一次说“好像还是不太对”，再让你想一个新的。这种让你反复拿出方案，最后却只丢下一句“嗯……哪里不太对”的上司绝不在少数。

你自己当然会有“A、B 两个方案相比还是 A 方案好”之类的主张，但说到底是自己的主观想法，无法很好地说服上司。有人认为，干脆直接问顾客哪个好一些不就行了吗？对这些人，我强烈推荐两款能够简单实施 AB 测试的工具。最具代表性的就是 Optimizely 和 Kaizen Platform。

AB 测试主要用于网络市场营销中，它为网站、广告或文本等提供两种方案，并检验哪套方案效果更好。以标语广告设计为例，AB 测试会提供两种设计方案并在某一特定时间段内随机展示，然后检测用户的访问数和实际购买的数量。由此可以比较出两个标语广告的转化率（CVR）。

运用 AB 测试可以通过数据清晰地展现“A 和 B 哪个更好”，从而省去了因个人喜好引发的“这个不错”“那个不对”之类无结果的讨论。而且，AB 测试的另一大优点还在于它能够将两套方案在某一特定时间段内同时进行比较。而如果把 A 方案放在 4 月、B 方案放在 7 月来错开进行测试的话，所得到的数据结果也无法进行客观的比较。肯定会有人跳出来说：“有很多人想在春天尝试新事物，所以 A 的数值才高”“别的公司不巧也在 7 月推出了类似的活动，所以 B 的数值才低”……然后再次陷入无休止的争论。

过去不管是做广告还是搞促销，要想同时测试两套方案，绝对既耗费人力又耗费金钱。然而现在只要有网站，只要会用 AB 测试工具，就可以在同一时期内进行多个版本的测试，简单方便且成本低廉。要想得出结论，与其无意义地争论“哪里不对”，不如用数据说话来得更快些。

事实上我们在经营 TORAIZ 时也使用过 AB 测试工具。我们在同一时间内对 Facebook 的两种广告进行了测试，所得出的结果是：A 方案的 CVR 是 0.82%，B 方案的 CVR 是 0.77%。A 方案比 B 方案的成果多出 0.05%。

你可能会认为 0.05% 的差距微不足道。然而从另一个角度来说，A 方案的 CVR 是 B 方案的 1.06 倍，二者相差约 6%。假设每位顾客的 LTV 是 100 万日元，那么就会产生“100 万日元 ×0.06”的差值。这样还能叫“微不足道”吗？

越是追求事业的拓展，越要认真检验微小的差值。我们必须明确它们会对自己的目标造成怎样的影响。因此，请一定要好好利用 AB 测试工具，将“正确的数据比较”进行到底。

Optimizely

AB 测试工具占据世界市场份额的首位。现在可以通过日本的代理商订购该服务。以下两个公司是 Optimizely 官方认证的正规代理商，都提供全部功能 30 天免费试用服务。

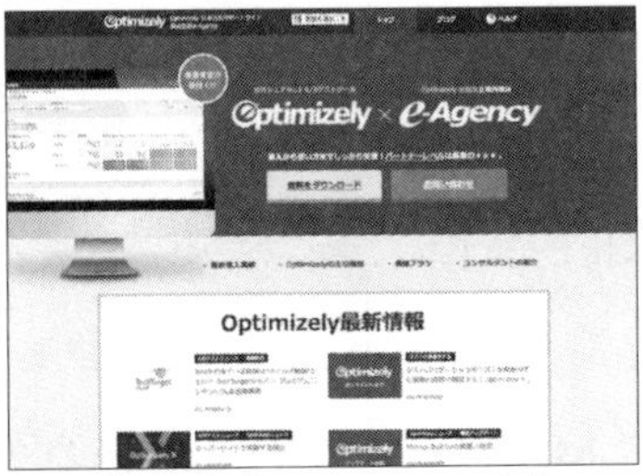

https://optimizely.e-agency.co.jp/

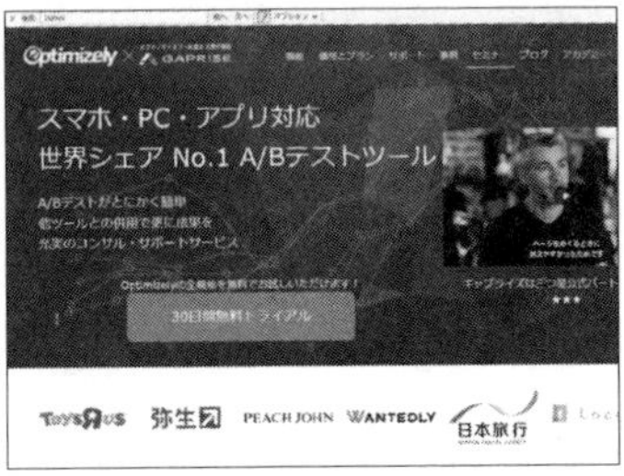

https://optimizely.gaprise.jp/

Kaizen Platform

https://kaizenplatform.com/ja/

提供网站改进服务。即使公司内部没有此类技术人才，只要外包给那些被称为“增长骇客（Growth Hacker）”的外部设计师、工程师，也可以立刻实施 AB 测试

图 25　强烈推荐的“AB 测试工具”

强烈推荐工具之三
免费进行“文本挖掘”

虽然实施了问卷调查，但是回答数量太多，不知要怎么进行分析。虽然在博客和 SNS 上收集了用户对本公司商品的看法和评价，但是不知道要怎么利用……

针对这些情况，运用“文本挖掘”的方法可以进行有效的解决。文本挖掘是将一篇文章分成单词或短语，分析各自出现的频率、相关性及时间段等，并从中获得有价值的信息的分析方法。它的理论十分复杂，所以过去人们只能付高额的费用请专业人士来分析。我在软银时也曾聘请某位专家来分析客服中心的问卷调查结果，费用高达数百万日元。然而现在，只要使用一个工具就可以进行免费的文本挖掘分析了。它就是在第 1 章中介绍过的“KH Coder”。

登录“KH Coder”的网站（http://khc.sourceforge.net）可以免费下载该工具。具体的使用方法和功能可以参照网页上的详细介绍。在此，要特别感谢立命馆大学樋口耕一副教授，他作为该工具的开发者，免费为我们提供了这样一款专业的工具。

“KH Coder”的“共现网络”功能可以直观地为我们展现单词之间的关联性。就以我演讲之后的问卷结果分析为例一起来看一下。（参照图 26）圆圈越大表示这个词语出现的次数越多。此外“共现关系”（在特定的文章中，当某一单词出现时另外的单词也频繁地与其同时出现）越紧密，连接两个词之间的线条也越粗。并且，根据词语间结合的紧密度，按照从高到低的顺序，将线条分别用深浅不一的颜色表示。

如图 26 所示，例如“英语”是问卷中的高频单词，而与之相关联的“学习”“时间”也随之频繁出现。由此可得出结论：聆听此次演讲的人大多对英语感兴趣，其中许多人认为所讲到的与学习时间相关的内容很有参考意义。再比如，图中的“技术”与“人”“驾驶”“世界”“iPhone”相连。仅通过这张图便可直观地看到听众对哪些演讲内容感兴趣。这直接关系到下一次演讲。比如在下个月的演讲中应该详细讲哪个主题才能更好地勾起听众的兴趣。

如果将这种方法用在客服中心的投诉内容分析中，可以发现“ WiFi ”多次出现，而且与“断”的共现关系紧密。有了这样的分析，就可以采取具体的改善措施了。

不用特意进行问卷调查，只需收集分析网站和论坛中的相关内容，便可以轻松地看到公司的商品和服务与哪些词语联系在一起。“KH Coder”完全可以按照用户的想法对所有的文本信息进行分析。经常处理文字信息的人群请一定要尝试使用一次。

KH Coder 文本分析软件可免费使用！（在此对软件开发者——立命馆大学樋口耕一副教授深表感谢）

http://khc.sourceforge.net/

网站左侧有使用说明，详细信息还可以参考樋口副教授的著作《以社会调查为目的的计量文本分析》（中西屋出版社）

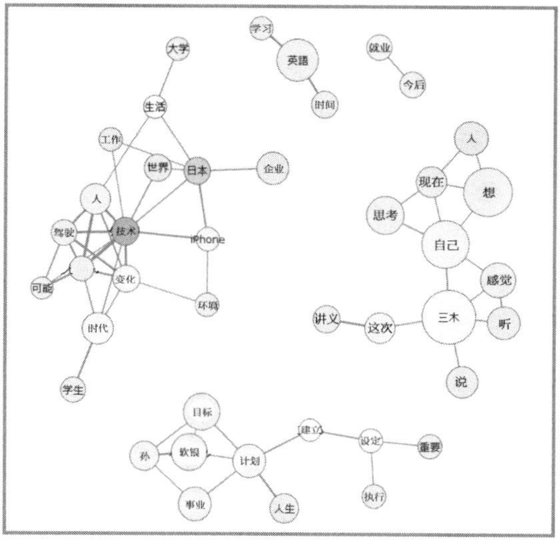

使用“共现网络”功能，如上图所示，可以直观体现单词之间的关联性。上图是对作者演讲结束后问卷中自由填写栏（中所填写的文本）的分析结果

图 26　免费文本分析软件

第 3 章

常见的数据化误用以及需警惕的三个陷阱

我在演讲时说“数据化非常重要”，但听众却提出了诸多疑问。“我们公司在数据方面做得非常细致，以至于每次看到会议上的资料都会感到厌烦。尽管如此，公司的销售额和效益却没有一点起色。”“因为领导要求‘要用数据说话’，于是我在准备资料时罗列了许多数据，但到头来也没有用上，就那么堆在领导的桌上。”似乎越是大企业和传统企业越普遍存在这样的现象：虽然进行了数据化，但是并没有发挥作用。

至今为止，我见过许多此类在数据化管理方面上存在问题的企业。为什么数据化没能有效地解决问题呢？原因很简单。本章将对这些原因进行说明，同时也对那些容易困扰人们的“数据化陷阱”进行说明。如果知道陷阱并能够避开的话，便可以更有效地利用数据，工作也会更加顺手。此外，如果你是经理或者处在管理层，在看下属提交的数据时，也可以将它们作为检查的要点。请一定在此掌握运用数据化解决问题的秘诀。

数据化误用之类型一
数据的单位、定义以及解释不明

孙正义社长绝不会放过那些模棱两可的数据。只要发现数据的单位、定义或解释有一点点的不明了，他便会严肃地指出来并深究其问题所在。孙正义社长最无法容忍的是分子和分母区分不明确的百分比数据。假如现在向孙正义社长提交一份报告，上面仅写着“现在手机用户的解约率是 1.07%”的话，他一定会说：“这个解约率，分子和分母是怎么定义而计算出来的？”这个问题直中要害。

比如，分母可以是某月初的签约人数，分子是同一月的解约人数得出的数据。或者分母表示累计签约人数，分子表示累计解约人数得出的数据。由此可知，分子分母的定义不同，最后得到的“解约率”的意思也不尽相同。以百分数形式得出的数据，总会让人觉得煞有介事，从而往往容易使人在报告和资料中忽略分子和分母的定义。但如果不明确其定义，就可能导致错误的判断。因此，对数据定义不明确的话，不同的人就会根据自己的理解进行解读。而结果就是相互误解或者产生分歧。各自按照自己的想法开展工作，朝着错误的方向越走越远，直到难以挽回的地步。

需要明确的不仅仅是数据的定义。在划分业务流程时，如果大家对工作的理解不一致，将无法统计出正确的数据。就以“录入顾客信息”这项工作为例，如果不说明以什么为基准进行录入的话，便无法准确测定工作量。若规定“将十个条目全部录入，如果漏掉一项就返回上一个步骤，重新询问顾客。”这样将每项工作明确区分的话，就能准确把握一天的工作量。但是，如果没有这个规定的话，即使录入的信息不完整也会被计算在内。在数量上，工作看似进展得很顺利，但实际上有可能得到的全是不完整的顾客信息，根本无法使用。

通常情况下，与数据打交道时最基本的就是明确数据的单位和定义。所以工厂的车间会明确划分工作流程，像“次品率”这类专门用语也是在明确其分母和分子的定义之后使用的。然而出人意料的是，在白领职场这一点却并没有被重视。

没被定义的数据中，隐藏着危险的陷阱。

这一点请切记。

数据化误用之类型二 分类方法不严谨、不恰当

笔者曾受邀去过一些公司和组织帮助他们解决问题，发现数据化没有顺利进行的最大原因是分类方法出了问题。在本书第1章中，举出了某公司营业部的事例，不知大家是否还有印象。这家公司只有整体的销售额和订单数量等相关数据，并没有对其进行分类工作。于是，我把“新增顾客数”分为“首单后就解约的顾客数”、“两单之后仍然继续订购交易的回头客数”，并且还对顾客的职业进行分类，得出了新数据。因此，才发现了诸如“顾客回头率低”“回头率因顾客职业不同而不同”等问题。也才能够提出“将营业重心集中在美容业”这一有效的解决方案。

如果按照以往那样简单的分类方法，该公司估计到现在也没有找到明确的经营方向，只有暗自为“明明已经很努力了，营业额却怎么也提不上去”的经营现状而苦恼。所以我建议，如果公司已经采取了数据化管理的方法，但问题仍未得到解决的话，请务必重新考虑分类方法。因为有很多类

似的企业案例，他们都是通过数据分类找到解决问题的突破口的。

区分“持续性销售额”和“一次性销售额”尤为重要

其中尤其需要注意的是，区分“持续性数额”和“一次性数额”。正如刚才提到的营业部的例子，特别是对于销售额，应该说必须要分成这两类。“持续性销售额”是指公司提前做好了相应流程计划，在与顾客签约之后，就会定期、自动收到来自客户汇款的这类费用。具有代表性的就是手机通信费和杂志订阅费等。用孙正义社长的话说，这叫“细水长流”。另外，正如字面意思，“一次性销售额”是只进行一次交易的销售额。

对比这两种销售额，对做生意和对公司来说，哪种更重要呢？从客户终身价值来看，增加“持续性销售额”的比例应该能巩固企业的基础实力、稳定业绩。但是将“持续性数额”和“一次性数额”分开统计的公司却不多。其结果就是，很难发现公司的基础已经开始动摇，真正注意到时才发现为时已晚。

如果不按照“两种销售额”来统计数据，会怎么样呢？

下面举一个简单的例子进行说明。

图 27 上半部分表示的是某公司过去四年销售额的变化情况。虽然销售额会上下波动，但是保持在相对稳定的水平上。看上去是一个很稳定的公司。图 27 下半部分则是将销售额分

为了“持续性销售额”和“一次性销售额”。对比上下两个图，有什么感受呢？很明显，“持续性销售额”的比例在快速下降。

这样划分之后就可以清楚地看到这家公司已经处在危险的境地了。从这个图可以推测，这家公司为了填补持续性销售额锐减所带来的整体销售额上的空缺，只能加大一次性销售额的比例，使自己公司的基础业务受到了毁灭性的打击。也许是遇到了竞争对手，对方以具有压倒性优势的价格提供同样的服务，或者是他们研发出能够取代本公司服务的划时代商品，导致客户流失。无论是哪种情况，一线员工拼命地提高短期内的销售额，以填补下降的整体销售额这一现状已很明显。

当公司业绩下滑时，经常会通过增加“一次性销售额”来填补缺口。比如公司原本的业务是提供自主研发的网络服务，并向用户收取月租。但由于营业额下滑，不得不承接其他公司的系统开发的业务以提高短期内的销售额。很多公司都用这种方式来提高财务结算时的整体销售额。但这不过是权宜之计，不能长期持续下去。

如果是长期性的交易，只要将计划设计完好，就能相对轻松地获利。而想通过一次性交易获取相同的利润，需要付出数倍乃至数十倍的努力。无论一线员工多么努力，精神和体力总是有限的。这样下去，公司的销售额有朝一日会急转直下，经营也会出现危机。通过图 27 我们就可以得出上述结论。

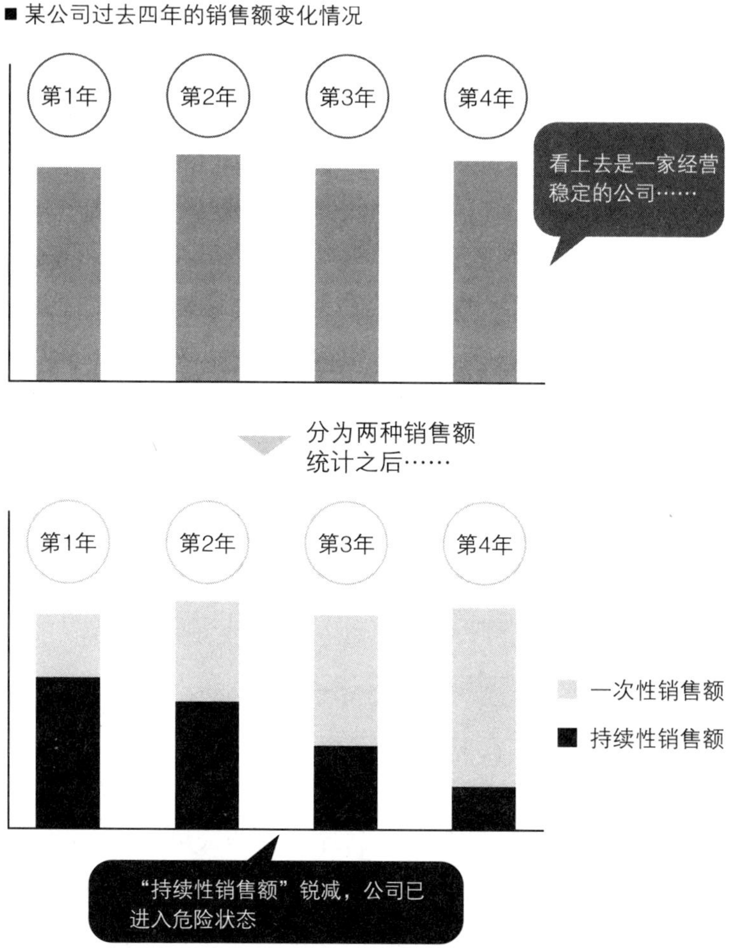

图 27　不看“持续性销售额”就不知道公司的实力

索尼向“具有长期收益的业务”转型而重获新生

如本书第 1 章所说的那样，今后注重持续性销售额的商业模式将尤为重要。通过提高“持续性销售额”而在全世界范围内获得巨大成功的先驱者，当属苹果公司。苹果公司开发自己的 OS（操作系统），并将其搭载到 iPhone、iPad、iPod 等自家产品上，并将这些终端产品设备和信息内容与“iTunes”、“iCloud”相连接。消费者一旦购买了苹果的产品，便无法离开它，每当有新产品发布就会购买。可以将苹果的这种战略叫作“用户锁定”。

日本也有重视持续性销售额的公司，并取得了很好的业绩。其中，“起死回生”的索尼就是一个很好的例子。索尼曾经一度经营状况恶化，甚至一时难以为继，但是现在预计其 2018 财年数据将再创新高。索尼的“起死回生”得益于它的“循环型业务”。“循环”来自英语的 Recurring，这里的意思就是“不停挣钱的业务”。

索尼公司向购买了 Play Station 4 这款游戏机的人提供线上对战服务并每月收取使用费，这就是一个循环型业务的经典案例。另外，索尼收购了美国的音乐出版公司，开始涉足著作权管理领域，每当有人使用它们的音乐便可收取版权费用。

循环型业务和孙正义社长所说的“细水长流型业务”在本质上是相同的。如果将贵公司的销售额分为“持续性销售额”和“一次性销售额”，或许就可以找到解决问题的线索。

数据化误用之类型三
统计数据的目的不明确

数据化说到底是一种解决问题的手段。既然要进行数据化，就应该明确需要解决的问题和想要实现的目标。但是许多企业并没有一个明确的目标，只是一味地收集数据。

或许你也有这样的经历吧，因为上司的要求或者会议报告的惯例而收集数据、制作资料。但是毫无目的地收集、分析数据是没有意义的。收集、处理庞大数据的员工，很容易给其他人一种正在努力工作的“错觉”。但是，这些对于实现目标没有帮助的数据其实毫无用处。

在数据化中，重要的是要学会从结果倒推，判断应该统计哪些数据。就好比你的目标是提高英语口语能力，但是用托业考试的成绩去评定英语水平就没有意义了。因为托业考试是考查阅读能力和听力能力的测试，并不是考查口语能力的测试。但是有些公司至今仍然将托业考试成绩作为评判的指标。如果公司所需要的人才只需具备英语听、读能力的话，以托业成绩作为评判标准无可厚非，但是如果公司需要员工具备用英语汇报和谈判等能力，要求员工的托业成绩必须在800分以上是没有意义的。

我公司运营的英语口语培训机构为以“具备商务英语会话能力”为目标的学员，进行名为“Versant”的考试，以测试学员英语口语能力。该考试采用“听英语母语者说，再用英语回答”这种以实际对话的形式来考查交流沟通的能力。通过这种形式可以计算出学员离自己的目标还有多远，然后进行数据化。这就是从结果倒推的方法。虽然这只是一个英语学习的例子，但同样也适用于商业目标的实现。首先要明确目标，然后再统计倒推过程中所必需的数据。如果不这样做，任何数据都将无用而终结。即便上司要求“先调查数据”，也不能只按照指示去做。如果照做的话，为之使用的时间和体力都将是无用功。你需要向上司确认统计数据的目的，找到一个明确的方向之后，要自己思考哪些数据和这个目的有关，然后再开始进行相应的工作。只有意识到需要这样做的人才能使数据化真正地发挥作用，解决公司的问题。

数据化误用之类型四
“数据僵化”

大企业和历史悠久的企业常常容易出现“数据僵化”问题。因为许多公司在很早以前就有一套处理数据、制作资料的固定流程，就算时代发生变化，却仍在使用。所以无法进行适合公司发展现状的数据化，当然也无法解决问题。

为了解决问题，必须要看每件商品的销售数据，但是在每个月的会议上，报告每个门店的销售数据却成为惯例，根本没人会去统计每件商品的数据。这种事情经常发生。因为长年来统计每个门店的数据，逐渐形成了一整套相应的流程。而这类公司容易陷入这样一个经营误区：因为有一套可以轻松统计数据的流程，导致大家不知不觉中只关注所统计的数据，工作变得僵化。

但是，即使分析透了每家门店的数据，问题还是没有得到解决的话，就足以说明数据统计方式不符合实际情况。这时就应该做出别的假设，统计其他数据，找出问题到底出在哪里。

要敢于质疑僵化的数据，设想“如果统计出门店中每件商品的销售额，或许会有所启发”。再对数据进行实际调查的话，可能就会发现“在那些销售情况差的门店，高利润商品 A 的销量很低”等一些新情况。继续追根溯源，也许会发现该门店商品 A 销量低的原因，可能是由于没有很好地指导店员积极销售这款商品。分析到这一步终于找到了改进办法——确保对店员进行全方位彻底的销售指导。

如果数据与下一项活动无关，无论你分析多少次都无法进行改善。数据化的方法和标准不是固定不变的，应该视情况统计所需要的数据。

关于数据的僵化，还有一点需要注意。即套用其他公司的各项标准。在第 2 章中介绍客户终身价值的分析时已经讲到过，我给许多公司提过有关改善经营的意见，其中一家 IT 公司把应用程序创造的营业额的 15% 投入到广告宣传中。这家公司发布了近 100 款应用程序，每月会在每款应用程序的营业额中拿出 15% 作为广告宣传费用。我询问他们为什么要拿出 15% 作为广告费，得到的答案是：这是他们参考了同行业其他公司的广告宣传费和财务报表之后算出的数据。但是稍微考虑一下就会发现其中存在问题。在这 100 款应用程序中，有些应用程序可以得到长期使用，有些则在短期内终止服务。换言之，不同的应用程序有不同的客户终身价值。

尽管如此，如果对所有的应用程序都一律投入 15% 的月营业额用于广告宣传，根本就无法实现利益最大化。例如，有 A 和 B 两款应用程序。假设获取用户的人均成本是 100 日元，从每位用户那里得到的销售额是每月 300 日元。但是，应用程序 A 的用户平均使用时间是一个月。也就是说大部分用户在一个月之后就停止了使用。这种情况所得到的利益是“300 日元 -100 日元 =200 日元”。这就是应用程序 A 的客户终身价值。而应用程序 B 的用户平均使用时间是 12 个月，从每个用户那里可以获取的营业额是 3600 日元。因此应用程序 B 的客户终身价值是“3600 日元 -100 日元 =3500 日元”。

在用户获取成本和月营业额上，两款应用程序没有差别，但两者的客户终身价值却相差 17 倍以上。然而，如果将每月营业额的 15% 作为广告宣传费，那么投入到两款应用程序的资金为人均“300 日元 ×15%=45 日元”。两者的客户终身价值差别如此之大，却投入相同的广告宣传费用，这或许不是实现利益最大化的策略吧？因此我建议：对于长期使用的应用程序，投入的广告宣传费用可以与他们的客户终身价值相当。也就是说，对于应用程序 B，每位用户的广告宣传费用最多投入 3500 日元。

一般情况下，获取用户的成本会随时间的推移而上升。尽管最初 100 日元就足够，但是到后来想要获得新用户就不得不花费 300 日元、500 日元。即便如此，只要投入不超过 3500 日元，就可以保证客户终身价值的最大化。

而另一方面，像应用程序 A 这种使用时间很短的应用程序，就应该将广告宣传费控制在最低限度。通过重新计算每个应用程序的广告宣传费的比例，公司的效益很快就得到了改善。因为“对手取得了成功”等理由，便轻易地将其他公司的各项标准都挪用到自家公司的做法是非常危险的。

可以将其他公司的各项标准作为制定指标的基准或者参考，但必须要分析“本公司的实际情况”、“作为统计数据前提所需的条件和环境是否与其他公司不同”，再量体裁衣，制定合适的指标。

直接沿用过去的经验法则而容易掉入“数据僵化”的陷阱。要避免这个问题，必须要杜绝“一直就是这样做的”“大家都这么做”这类错误的想法。本书第 1 章中介绍过数据应该是自己动手得到的，而不是从别人那里获取的，请将这一点常记于心。

数据化误用之类型五
数据的封闭化

引起数据僵化的原因不仅仅是因为依赖过去的经验法则，还有另外一个重要的原因是只关注公司内部的数据，而忽视了公司外部环境的变化。在本书第 1 章中讲过，因为没有分开统计电脑和智能手机的浏览次数，导致许多公司的智能手机业务滞后的情况。出现这样的错误，也是由于公司没有注意到外部环境的变化，认为只关注手边的数据便万事大吉了。

许多日本的企业都存在这种“数据封闭化”的现象。因此笔者在一些公司担任顾问时，就会告诉大家：“别认为公司有 KPI（关键绩效指标）就没问题了。必须尽可能多地获取外部的数据。”因为不仅是传统的大企业，即使是对变化非常敏感的初创企业，随着公司的经营走上正轨，都会变得只关注公司内部的 KPI。

公司刚刚成立时，由于没有任何可用于数据化的材料，便拼命地从行业调研相关信息，努力收集对自己有用的数据。然而，一旦确定了绩效指标、启动了 PDCA（计划、执行、检查、调整）管理循环，在考虑问题时就会逐渐地局限于现有的数据框架之内。这种问题不仅会发生在公司身上，在开展新业务和新项目时也同样容易出现。只要完成自己设定的KPI，就认为万事大吉了。因为乍一看似乎PDCA运营正常，但其实这种自我良好的感觉却会导致思考的停滞。说到底，这只不过是商务人士的一种自我满足罢了。他们没有认识到，只有在对目标值和指标等数据进行反复验证和改进的过程中PDCA才能真正发挥其作用。

数据化方法本身也需要时常更新。如果外部环境发生了变化，改变以往的KPI和数据的分类方法也是理所当然的。

我在Yahoo!BB的呼叫中心担任负责人时，为了改善业务，进行过用户满意度调查。虽然一天会收到2000份左右的用户问卷调查表，但是我全部看完了。我重点关注意见栏里填写的意见和不满，考虑应该从哪些方面着手改进。那时我常常会检查接线员在应答时所进行的类别划分是否与实际情况相符。在呼叫中心，如果是“调制解调器的故障”，会分为“有杂音”“连接中断”“通讯速度慢”“调制解调器发热”等几种情况，完成对每种情况的定义后再进行运作。但是在实际情况下，已有的故障分类并不能应对用户的问题，而不适用于任何分类的新问题也在急剧增加。所以，我每天浏览顾客的评论，经常检查既定的分类的定义是否正确，根据需要增加新的定义。

无论什么数据都会过时。“一旦进行了数据化，就可以一直使用”这种想法是不现实的。因此，无论是数据的分类、测算方法，还是指标的设定都需要时常检查和更新。当今时代，经济形式、同行业中其他公司的发展趋势、新产品和服务的潮流通通都在迅速地发生变化。在这种情况下，必须升级公司的产品和服务，甚至有时不得不开辟新的市场。

为此，有必要时常获取一些公司外部的数据。对作为商务人士的你来说，请一定要学会运用“外向型”的思维方式来进行企业经营的数据化管理。

数据化误用之类型六 只有计划而没有实践

正如第 1 章中所说的，要经商就要“先有实践”。无论制订了多么周密的计划，说白了对于未来的事情，“不去尝试就不会知道”。数据的分类方法和处理方法也是如此，光靠纸上谈兵是找不到正确答案的。要先有实践，得到正确的数据，然后以此为依据不断地改进，才能找到正确答案。

软银集团之所以能凭借其强大的实力一直取得成功，归根结底是因为通过“实践”来不断提高数据化管理的精准度。一开始谁也不知道，软银集团开展 ADSL 业务的成功概率到底有多少。当时，开展这一业务的只有几家规模很小的新兴企业。用户群也比较受限，很多人认为“ADSL 只有一部分发烧友才会使用”。可见，当时的移动通信行业对能否开辟 ADSL 业务市场这一点，还存在着疑问。

在这种不确定的情况下，突如其来地假定有 100 万件规模的加入者，而后投入到 ADSL 产业，这种事情如果是普通公司是绝对不会做的。通常一般的公司应该在制订计划阶段就得出了“没有先例，市场也不透明”的结论，最终还未行动就告终。只有软银集团反其道而行之，将计划付诸了实践。不仅如此，软银集团还准备了 100 万台调制解调器，并在日本全国开展了规模巨大的促销活动。

行业人士会认为这是过于鲁莽的行为吧？然而软银集团的优势正是在“实践”之后发挥出来的。在短时间内进行大量的实践，就可以统计出各类数据。通过整合这些在实践中得出的数据、综合之前的商业计划并重新得出新的数据，就能制订出更符合实际的计划。也就是说，只有在“实践”之后，才能制订更准确的“计划”。再迅速将计划付诸实践，才能在最短的时间内取得成功。

软银集团的“计划”与那些不付诸实践的一纸空谈，有着根本的不同。因此，在实践之前制订的计划和目标，都可以只是“暂时的”。“开展促销活动时，用哪种广告效果更好？”这种问题，光靠思考是无法解决的。倒不如先制订“投放传单、网络广告和出租车广告”这样的临时计划，可以用较少的预算同时投放到三种广告上尝试一下。这样，不仅能对比三种广告的效果，还能算出各自的效益。如果这三种广告的效益都不好，还可以去选择其他类型的广告。在此基础上，再决定正式的预算分配，就能制订出更符合实际、更有效率的计划。之后尽快将其付诸行动，使 PDCA 这一管理循环快速运转便可。

不要总是停留在“计划”上，应尽快付诸“实践”。这是数据化想要取得成效的不二法门。

数据化误用之类型七
希望同时完成两个对立的数据

商业中存在着“难以兼顾的数据”。“营业额”和“信用度”就是其中一个例子。如果经营者一味地追求高营业额的话，他们甚至会将商品卖给信用度较低的顾客。但是，当信用度较低的顾客越来越多，赊销货款收不回来的情况就会增加。可话又说回来，“只与信用度高的顾客进行交易”的话，可以预料到营业额就无法提高，甚至会下降。

应该有很多公司都面临着这样一个问题，即如何调解好“两种互相矛盾的数据”的关系。为此，还发生过很多部门之间相互对立的情况。就拿刚才的例子来说，销售部认为“为达成营业额目标，应降低信贷管理的标准”，而财务部则认为“应该优先考虑降低赊销货款收不回来的比例”。如果每个部门都认为“自己的数据最重要”，就会导致公司内部产生矛盾，使问题变得越来越复杂。老实说，光靠一线员工和经理是很难解决这一问题的。因此，需要公司的高层来决定现在优先考虑哪个数据。如果不这样做，各部门就会只顾着提高自己所重视的数据。而从公司整体经营上来看，其结果将是各项工作都半途而废，哪个目标都完成不了。处于一线的员工想要完成公司给自己制定的数据指标是理所当然的。只有能纵观全局的人，才能正确地判断出哪个数据的优先度更高。

孙正义社长在判断“现在应该优先考虑哪个数据”时，有着天才般的能力。各个数据的优先度随着商业阶段的变化而变化，而能准确地看清这些变化，并且在恰当的时机调整数据的优先顺序，这正是孙正义社长所擅长的。

在新事业的启动期，“营业额”的优先度最高。

利用所有能够合作的代理商和从业者，总之就是卖得越多越好。

因为在这一阶段还不了解客户的具体需求，因此只需要尽可能地扩大目标人群和销售地区，专心提高营业额。当取得了一定的销售业绩，掌握了市场环境和客户的需求之后，接下来需要提高“代理商的品质”。

过了一段时间后，通过数据化来分辨各代理商的品质。包括检查客人的投诉量，计算从注册到收费的每一步的成品率。以这些数据为依据来管理代理商的工作，对于品质依旧不能改善的代理商，可以采取中断合作等措施。如果从一开始就严格管理代理商，会导致一线的售货员们出现反感情绪，积极性也会下降，营业额的迅速提升便无从谈起。

正因为“营业额”和“代理商的品质”是互相矛盾的，所以不能同时追求，而是采取了根据商业阶段来变换其优先度的战略。孙正义社长的这种独到的处理数据的方法，看似鲁莽，实则很有战略眼光。如果无法解决两个对立数据之间的矛盾，最实际的解决方法就是在不同的时机更换不同数据的优先顺序。

众多企业陷入“数据梗阻”的状态

至此我们已经看过了七种“常见的数据化误用”的类型。大概很多人会觉得“这说的简直就是我们公司和部门”。这些情况如果得不到改善，将会引起“数据梗阻”。

有些数据既不能解决问题，也不能完成目标，而这些没用的数据却在不断积累。如果知道这些数据没什么用还可以舍弃掉，但因为多年的习惯，以及一旦形成一套运营模式，就很难意识到这些是没用的数据。这就是“数据梗阻”的实际情况。

再重申一次，数据化不是免费的，必然需要成本。因此，说到底数据化和质量管理一样，应该用费用和所对应的效果来思考。在抽取样品检验零部件质量的时候，是从 100 个里面抽 10 个，还是抽 30 个，所花费的时间和人力会相差 3 倍。当然，抽 30 个来检验肯定可以提高产品的质量。那么，究竟想把品质提高到什么程度呢？为此能花费多少成本呢？以可花费的成本为目标，运用反推法来计算，注意数据之间的平衡的同时，决定需要花费的成本，这是品质管理的基础。数据化也应该如此。数据化管理同样离不开性价比。

随着 IT 设备的发展，统计数据的成本变得很低。所以我们才要更加重视应该投入多少时间和人力等成本。

松本晃先生离开外资企业，出任卡乐比公司的最高领导人，并大大提高了公司的业绩。而松本晃所做的也正是解决“数据梗阻”，他在接受杂志 *PRESIDENT*（2014 年 11 月 17 日出版）的采访时这样说道：

2009 年我出任卡乐比的会长兼 CEO 时，对公司内部堆积如山的资料感到非常吃惊。营业额的数据、库存的数据、各地区的资料、各商品资料等公司的表单有 1100 多种，而不是 1100 多张！甚至在公司里流传着这样一种说法“要连续四天不眠不休才能看完全部的资料”。

松本先生并没有完全否定资料和数据本身。他认为“关键是要有效地利用精简过的资料”。在卡乐比的经营体制改革方面，他介绍说很重视“利润率”。

卡乐比公司原来的利润率很低，只有 1.4% 到 2%。虽然目标是达到食品企业世界平均标准的 15%，但很难一次性完成这一目标。首先将目标定为 10%，再思考达成目标的方法。（中略）如果方方面面都进行指示，会让员工不知所措。所以，要先抓住最重要的利益——利润，这样就很好理解为什么要提高“利润率”。

卡乐比还曾利用了类似于“管理驾驶舱”的经营方法。以各部门为单位，将收集起来的庞大数据进行图表化操作，并每周更新。所有员工共享这些数据，来为自己的工作做出合理的战略规划。这种手法从理论上来讲并没有错，但太复杂了。繁杂的数据图表就像飞机上繁多的仪表盘似的，让人难以准确理解。

如今，我们改用减少很多指标的“汽车表盘式”的经营手法。汽车的仪表就很少，司机只需要注意时速和油表的数值变化就行。

先确立目标，然后反推出需要统计哪些数据。松本践行的正是这种数据化办公法，要想摆脱“数据梗阻”的困境，就要像卡乐比公司一样，由公司高层领导或与之接近的人来决定各种数据的优先顺序，这是最快捷的方法。话说回来，一线的员工并不是什么都做不了。如果能理解本章所说的“错误的数据化管理”，在实际工作中就应该能对庞大的数据进行简化。

数据化陷阱之一
“积累”的幻象

数据化的力量很强大，也是解决问题最有效的工具。但也正因如此，我们更应该注意，如果使用不当，反而难以看清问题的本质和实际的工作状况。因此，在本章的最后，我将举出三种“数据化陷阱”。

第一种，我称之为“累计的幻象”。如果你是管理人员，在查看下级提交的数据资料时，就需要特别注意这一陷阱。因为累计的数据和图表背后可能隐藏着严重的问题。可以说，数据的累计会掩盖实际情况，它包藏着问题隐患。其原因与本章“数据化误用之类型二”中所说的“分类方法过于简单”在本质上是相同的。之前，我们介绍的一个例子中，只看整体的营业额而没有区分“长期交易的营业额”和“一次性交易的营业额”，导致发现问题时为时已晚。而“积累的幻象”也会引起同样的问题。

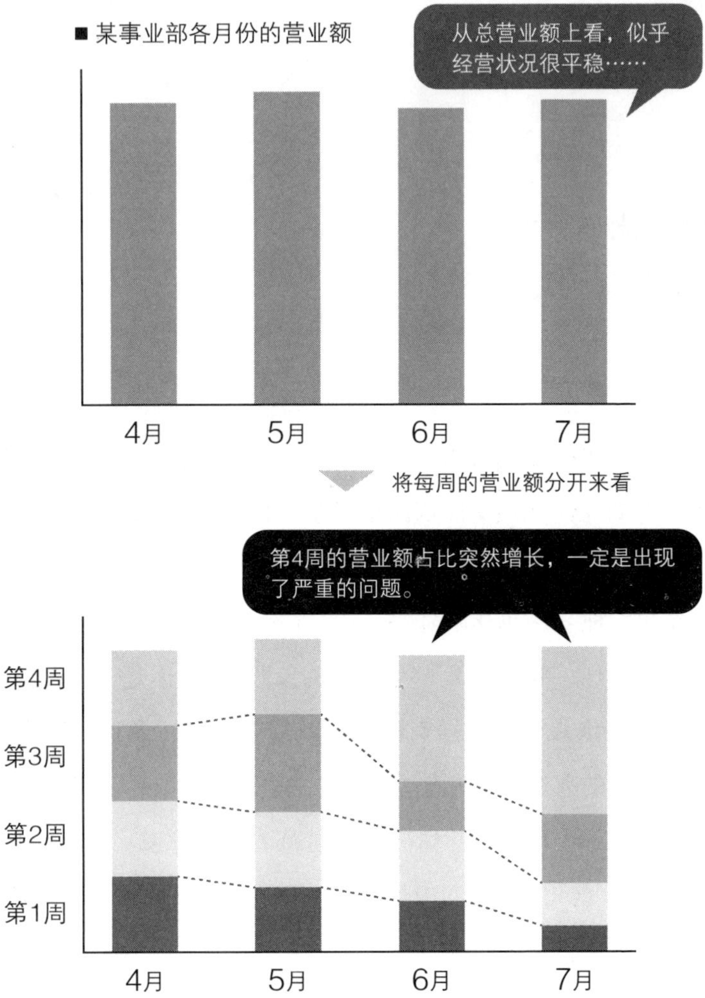

图 28　累计图表会掩盖真实情况

请看图 28，这是某事业部每月的营业额情况。只看这张图，我们可能会认为该事业部在近四个月的营业额上保持着一定的规模，并没有出现大的问题。

可是，将每月的营业额以周为单位分开计算，情况就大有不同了。4 月和 5 月的营业额几乎没有变化，但到了 6 月，第 4 周的营业额占了该月营业额的四成，而到 7 月已经占了该月营业额的六成。从中我们可以发现，该事业部到了月末才开始提高处于下滑状态的营业额。

我们可以这样推测，原来为该事业部提供稳定收益的客户因为贸易纠纷或者变故，断绝了与该事业部的贸易关系，从而导致了营业额的下滑。为了填补下滑的营业额，营销员会厚着脸皮把产品抛售给批发商，想尽一切办法来保持月末结算时总营业额的稳定。当然，通过向批发商倾销产品来堆砌销售额的做法不过是饮鸩止渴罢了。由于这之后伴随着收到大量退货或被批发商赚取差价的风险，最后很可能陷入更加糟糕的局面。

如果不按周为单位测算这些数据，就可能无法及时发现这个问题，最后会让事情变得无可挽回。累计值中包括“经营顺利时取得的数据和敷衍一时的数据”，因此光看累计值的数据，就无法正确判断“当前这一时间点的现状”。若是只看累计图表的话，即使此前经营状态一直良好的业务或商品及服务开始出现恶化，也很难立刻发现。

使用数据来反映真实情况时，不要忘记“划分”才是基础，这点非常重要。按每月或每周等时间，又或是将每个业务步骤划分为若干恰当的单位，然后对每一个单位的数据进行管理，才可以避免上面的问题，除此别无他法。

若是落入累计的陷阱，可能就无法正确把握真实情况，等发现问题时为时已晚。相反，如果将数据细分开来，提早发现问题所在，就能快速解决问题。孙正义社长从不曾让“累计幻象”蒙混过关。虽然这看破陷阱的眼力不是一朝一夕就能练就的，但只要有这个意识，就能够锻炼这种能力。当资料里出现“累计的数据”时，请在头脑中画上一个警惕符号后再检查数据。

数据化陷阱之二
“平均值”的幻象

“平均值幻象”是跟累计幻象一样常见的一种数据化陷阱。对此人们经常拿“平均储蓄额”来举例。据日本总务省的数据统计，两人以上的家庭平均储蓄额（2016 年）为 1820 万日元。自然有人会问：“真的有这么多吗？”而这里就存在着平均值幻象。

只要看一下这些数据的分布图就会发现，有 67% 的储蓄额在平均值之下，将近占到了总数的三分之二。由于剩余三分之一的家庭储蓄额较大，从而大大拉高了平均值。而若将储蓄额按照由低到高的顺序进行排列，平均储蓄额的中间值为 996 万日元，其中包含储蓄额为 0 的家庭。这个数据其实很真实地反映了普通人的生活状况。

在工作和商务往来中，有时也会碰到这种平均值幻象。比如，为了知道处理文件的速度，而打算统计出“平均处理天数”。这份文件是对客户进行信用审核的文件，需要顾客把填好的文件邮寄过来，再由工作人员把信息录入到数据库里才算处理完成。这些文件中，90% 都在七天内处理完了。但剩下的 10%，因为信息不完整退还给了本人，需要由本人重新邮寄，但之后由于一直无法与客户取得联系，于是就这样过了八个月都没有处理完成。这种情况下，统计出来的“平均处理天数”会变成什么样呢？用加权平均数计算一下，结果得出“7 天 ×90%+240 天 ×10%=30.3 天”。也就是说平均下来“处理一份文件需要约一个月”。

但是，这个数据有意义吗？九成的文件只用了“一周”就处理完了，远远少于一个月。但是，用平均数计算就无法体现出这一成果。而另外剩下 10% 的文件，经过了 240 天还没有处理完成，其处理时间已远远超过了平均值 30 天。

按道理来说，需要考虑与本人确认的新方法，或者制定诸如“超过 200 天未与本人取得联系的文件将视为作废”之类的规定，不这样做的话，这个问题就没法得到解决。但是，因为计算出平均值为“30.3 天”这个数据，就会认为所有的文件都需要用一个月处理。如此一来，剩下的一成文件就将永远不得处理而一直堆积下去。

这种情况下，计算平均值是没有任何意义的。要想得出有意义的数据，就必须明确目标，再由目标倒推计算。就这个例子来说，可以先将目标定为“在一周内处理完文件”。确定好目标后，就要想到区分“能在一周内处理完的文件”和“超过一周仍无法处理完的文件”这两种情况，再进行数据化统计。拿质量管理来说，就是要分为“优质品”和“次品”，通过测算各自的数值和比率，才能准确把握实际情况。

得出平均值后就毫无根据地觉得自己把握了整体情况，这就是“平均值幻象”的可怕之处。请记住没有目标的平均值会掩盖真实情况。

数据化陷阱之三
“分摊”幻象

在公司的管理会计工作中，有一个词叫作“分摊”。简单来说，就是“把所有部门共同的费用分摊到各部门、各分店、各商铺上去”。这样一来，就能准确衡量各部门或各门店的盈亏。

例如，假设一家公司有十个商铺。要想把握各个商铺的收支，单纯地计算各店铺的销售额和利润是不够的。无论哪家公司，都有一个统筹全部商铺的总部或总公司，其中还有财务、人事、总务、信息技术等从属部门和管理部门等。这些部门也会产生人事费用、办公室租金、电费、燃料费等费用。但是，因为这些部门不会产生盈利，无法单独计算其盈亏，因此一般都会按一定标准将总公司部门的费用分摊到各商铺，再衡量各商铺的盈亏情况。

这就是分摊。不这样分摊的话，就会出现“各商铺的收支都是盈余，但公司整体却是赤字”的矛盾。另外，在确定各部门、各分店、各商铺的盈利额目标时，如果不将总公司的费用加入到成本当中进行计算，就无法设定恰当的营业额和利润底线。所以，分摊本身可以说得上是将经营状况和公司实力更加准确地进行数据化管理的有效手段。

但问题是“依照什么标准来进行分摊”。一般情况下，公司都是按照各门店的销售额比例或人数来分摊总公司的费用。不管采用哪种方式，只要跟公司的实际情况相符就没有问题。但是，若是不清楚“为什么要分摊”就糊里糊涂地采取一种有利于总公司的标准进行分摊的话，就可能误判公司整体的经营状况。

在由我担任顾问的某家企业，就曾按照各分店的销售额来进行分摊。但是，分摊后的所有分店都出现了赤字，完全无法产生利润。当然，公司整体的业绩也是赤字。在他们来找我咨询后，我详细调查了一下数据，发现其总公司的研究开发部门竟产生了上亿日元的巨额费用，并将这笔费用分摊到所有分店，而引起了“公司的赤字是因为分店没有创造利润”这一骚动。

显然，总公司把这么大一笔费用强加给分店的话，无论基层员工再怎么努力提升营业额，创造的利润也无法超出分摊的费用。总公司的这种做法就好像是父母花了钱让孩子垫付，还教训孩子说“是你零花钱花得太多了”。于是，我建议他们不要根据营业额来分摊总公司的费用，而是按照人数来分摊。因为研究开发部门里有数十名员工，要是按照“人均”来分摊的话，就能将这笔费用分摊到他们身上了。

因为研究开发部门不会直接产生利润，所以分摊之后就只有研究开发部门的业绩是赤字。尽管如此，只有使用这种方法，才能清楚地看到研究开发部门到底花费了数额多么巨大的费用。在看了这个数据之后，接下来应该采取的行动就只有一种了。那就是“缩小研究开发部门的规模”。

当把费用分摊到分店后，所有分店的营业额都成了赤字，且公司整体也无法摆脱赤字时，很明显是由于费用过多造成的。因为大部分费用是研究开发部门在使用，如果不降低这方面的成本将无法创造利润。

分摊的目的是为了“创造利益，扭亏为盈”，而不是将赤字的责任强加给部门或分店的同事。在把总公司的费用分摊给分店时，若是不搞清楚这些费用是否真的与提高分店销售额或利润相关的话，就无法达到分摊的目的。

数据化的方法本身也需要时常更新

此外，也有一些情况不适合按照人数分摊费用。对在海外设有分店的公司来说，要是按照常驻员工的人数来将总公司的费用分摊到分店上的话，就会使分店的负担过重。要是公司所在的地区是东南亚或非洲等新兴国家的话，即便是在员工人数跟日本国内相同的分店，其能达成的营业额也会比国内分店的营业额少一两位数字。考虑到市场和经济环境，在日本能有 100 亿日元规模的生意，到了新兴国家也就只有 1 亿日元的规模。然而，若是仍将总公司的费用按照员工人数分摊的话，那销售额较低的海外分店在经营上就都会变成赤字。

这种情况就和刚才的案例相反，应该按照销售额比例分摊才合适。若这样分摊后，海外分店的销售额如果还不能转为盈余，那下一步就该考虑“重新制定规划该地区的贸易进军计划”了。

这样的“分摊幻象”虽然是经营层面的问题，但经理级别至少应该有这样的意识。当自己不管怎么努力都无法让自己的部门或分店、商铺的收益得到好转时，如果能联想到“是不是分摊方法上出了问题”，就说明能对数据中的幻象引起注意了。如果能向上级领导有逻辑地说明数据化的方法出了问题，就有机会重新考虑分摊结构。

累计值也好，平均值也好，分摊也好，如果不能明确目标，不知道“为了什么而进行数据化”，就可能会在无意中滥用数据。

虽然数据化是解决问题、达成目标的一种手段，但它也可能会阻碍个人或组织的发展，在公司内造成混乱。数据具有非常强大的力量。正因如此，才更加要避免数据的误用。这就是我在本章的最后，想再一次告诉大家的事情。

第 4 章

使工作成果大大提升的秘诀

“一家年增长率为 5% 的公司，多少年后营业额能翻倍？”话音刚落，就立马有人回答“大概要 14 年吧”，这时周围的人会是什么感受呢？

大概都会觉得“那个人对数据好敏感”“数据感好强”，并自愧不如吧。事实上，这个人能立马回答出来，并不是因为他对数据敏感或者头脑聪明，而是因为了解了一些简单的“定律”。比如说，如果知道了“72 法则”，即使是中学生，也能迅速回答出开头的问题。有很多这样与数据相关的理论和定律，只要有所了解就能大大提高思考质量和速度，对它们了解与否也会影响到解决问题的速度。

其实，这其中大多数的理论和定律是我们在高中或大学的课上就已经接触过的。但是，在学生时代，没有人教给我们如何把它们实际运用在生活中，所以就很难印象深刻。因此，本章将以商务往来和工作事务中常有的烦恼为例，讲解理论和定律的实际用法。另外，孙正义社长是充分发挥了这些理论、定律价值的典型例子，因此，本章也会一并介绍他是如何将其灵活运用到软银集团的经营中的。

大数定律和期望值

——如何将骰子变为有利的形状

经常有年轻人来找我咨询职业和前程的问题，其中最多的问题是“纠结于是否应该创业”，他们说“不知道自己在公司工作的话取得成功的概率是多大，所以没法决定是该大胆创业还是该到公司里就职”。这时，我一定会讲“大数定律和期望值”。

“大数定律”是概率论的基本定律之一。简单来说，就是**“试验次数越多，其结果出现的概率就越接近理论值”**。例如，在掷骰子时，虽然一开始“1”有可能连续出现很多次，但连续掷1万次或10万次骰子的话，“1”出现的概率就会接近理论值的六分之一。也就是说，试验次数越多，实际得到的结果就越接近理论值。

“期望值”是指进行一次试验的可预期结果。我们假设在掷骰子游戏中，可以根据掷出的数字得到一定的钱。掷出“1”是1万日元，“2”是2万日元，“3”是3万日元……金额依次递加。

从大数定律来考虑，六个数字出现的概率都是六分之一。如此一来，“掷一次骰子能得到多少钱”的预期值可以这样计算：

(1 万日元 ×1/6) + (2 万日元 ×1/6) + (3 万日元 ×1/6) + (4 万日元 ×1/6) + (5 万日元 ×1/6) + (6 万日元 ×1/6) = 3.5 万日元

所以，“3.5 万日元”就是掷骰子游戏的期望值。当然，只掷一次骰子的话，结果可能是最低的 1 万日元，也可能是最高的 6 万日元。但是，按照大数定律计算，如果一直掷下去，最终结果会无限接近于 3.5 万日元。如果能像这样对期望值进行把握，就能通过数字了解自己行动的结果。也就是说，“大数定律和期望值”能够作为决定下一步行动的判断依据。

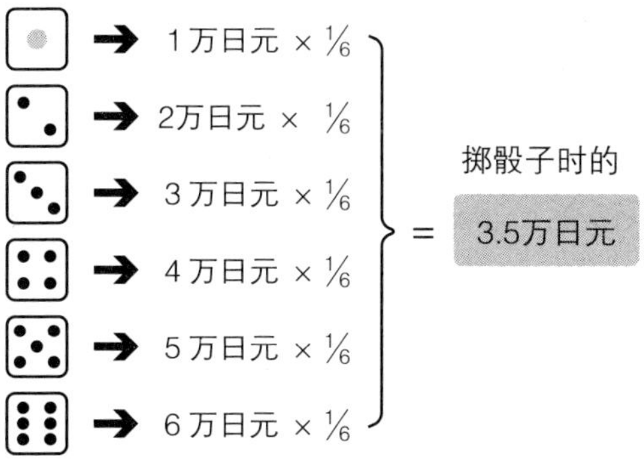

图 29　掷一次骰子能得到多少钱？

如何计算“创业成功的概率及其期望值”

我们可以试着套用“大数定律和期望值”来考虑“该不该创业”这个难题。

理解了大数定律，就能轻松计算出“创业并取得成功的概率及其期望值”了。就日本每年新创办公司的数量来看，2012 年到 2014 年的平均数量是 180429 家，其中有些年份的公司数量还超过了 20 万家（经济产业省 2014 年《中小企业白皮书》）。

然而，虽然新创办的公司如此之多，2016 年新上市的公司却只有 83 家。这个数据不仅涵盖了在东京证券交易所一部和二部上市的公司，还包括了在 MOTHERS 市场和 JASDAQ 市场上市的公司。也就是说，如果规定“创业成功 = 公开发行股票”，那成功的概率大概是“80 家 ÷ 20 万家 =1/2500”。

人们常说风险投资领域“千三（1000 家中只能投中 3 家）”，但是这样算来，实际概率要远远低于这个数据。

让我们再来计算一下“期望值（创业的可预期结果）”。大部分初创企业在公开发行股票时，资产评估额为 100 亿日元左右。假设控股股东占有 51% 的股份，那么资产总额就是 51 亿日元。套用刚才的掷骰子游戏的话，也就是说“掷出中奖数字就能得到 51 亿日元”。接下来怎么计算期望值呢？

答案是“51 亿日元 ×1/2500 ≈ 200 万日元”。也就是说，即使创业并公开发行股票，社长实际预期能得到的资产也只有 200 万日元而已。再加上公司是自我控股，能拿到手的现金寥寥无几。也就是说，现金收入的期望值只有数十万日元。

但是，在企业就职的话，又是什么情况呢？国税厅的民间工资实际状态统计调查显示，近十年间，民间企业员工的平均年收入在 400 万日元到 420 万日元之间。假设年收入为 400 万日元，那么连续十年在一家公司工作的话，就能赚到 4000 万日元，这个期望值已经达到了创业的 20 倍。

而且，如果是在工资待遇好的大企业或者知名企业就职，预期的期望值就会更高。2015 年的调查显示，约 3000 家上市企业员工职业生涯收入的平均值是 2.18 亿日元，其中，位于前十名公司的平均值超过了 4 亿日元。

200 万日元　vs　2 亿日元

比较这两个数据可以看出，创业的期望值极低。

若是在大数定律的适用范围之外，就可以选择创业

既然创业的期待值如此低，那我们就只能选择在公司就职了吗？答案是“不”。

了解期望值，只不过是让我们看清“如果按照一般的做法来实行，最后就会变成这样”这一发展态势。如果能够在

理解了这一点之后，思考“如何摆脱大数定律，提高自己的成功率”，并确信“这样做可以大大提高自己的期望值”，就能选择创业这条道路。这就是我给很多年轻人的建议。

假设游戏中要掷出“1”才能获胜，那一般的胜率就是六分之一。但是，如果能做出有两三个面都是“1”的骰子，胜率就会两倍、三倍地上升，或者如果下功夫将骰子变成更容易掷出“1”的形状，也能进一步提高获胜概率。简而言之，如果别人都在投普通的骰子，而自己的骰子比较特殊，更容易投出“1”，就能摆脱大数定律的限制。

将这个理论运用到创业中，如果在创业时获得有利的技能、经验、资金和人脉的话，就能让“1”出现的概率不断提高。如果在学生时代就已经获得了这些条件，就能够选择不就业，直接创业。但是，如果觉得自己还没有对自己有利的骰子，那就应该选择先到企业就职，积累经验和人脉，等到时机成熟再创业。不管选择哪条路，重要的是在决定之前认清自己是否已经摆脱了大数定律的限制。

在来找我咨询创业问题的人中，有一位是 LITALICO 株式会社的董事长兼总经理长谷川敦弥先生。LITALICO 株式会社是一家致力于残障人士就业保障和儿童学习教育事业的初创企业。该公司起初从玛札兹（MOTHERS）市场上市，2017 年 3 月获得了东京证券交易所一部上市资格。

长谷川先生曾在读大学时来问我自己大学毕业后是立刻创业，还是到初创企业或者大企业就职。我跟他讲了“大数定律和期望值”，于是，他选择了到初创企业 LITALICO（当时名为 WINGLE）就职。自己作为学生，还不具备成功创业所需的技能和经验，但也不想为了几亿元的收入在大企业工作一辈子。这样的话，到已经小有规模的初创企业就职并在短时间内做出业绩成为管理者，不正是摆脱大数定律的办法吗？正是基于这样的判断，长谷川先生才得到了一个非常有利的骰子。

他刚进公司时，该公司的商业模式已经步入正轨，营业额也达到了 6 亿日元。从那个时候来看，与从零创业相比，进入公司就职这一选择的期望值比前者高得多。之后，长谷川先生迅速掌握了经营初创企业的技巧，在就职一年三个月后就当上了总经理，并利用在此期间培养起来的经验和人脉，让公司的经营业绩由亏损转为盈利。而我也在他就任总经理后受邀担任该公司的外部董事，为公司弥补亏空出谋划策。

长谷川先生就是这样改变了骰子的形状，让它更容易掷出 “1”，提高了成功的可能性。

孙正义社长掷出的 “有利的骰子”

将 “让骰子变形” 策略运用到极致的正是孙正义社长。

要掷出有利的骰子，必须身处自我发展的领域——这是孙正义社长坚守的基本理念。如果所处的市场本身发展顺利，那么就更容易获得成功。孙正义社长是因为遵循 “摩尔定律” 而选择了 IT 领域。“摩尔定律” 是一条经验定律，它的内容是：集成电路上可容纳的元器件的数目每隔一到两年就能翻一倍。

这条定律早在20世纪60年代由英特尔的创始人之一戈登·摩尔提出，至今仍未被打破，IT领域的技术革新也验证了它的正确性。如今，物物相连的IoT诞生，IT技术正在将它的触角伸向越来越多的领域。正因如此，孙正义社长才确信“IT业会永久发展”，从而将软银集团紧紧绑在了IT这条船上。

2016年，软银集团以史上最高价格3.3万亿日元收购了英国芯片设计公司ARM，引起轰动。显然，这也是软银集团为将来跻身发展领域而实施的战略。可以预测，在今后的IT领域中，市场空间扩大可能性最大的就是IoT。在电脑和IoT领域中，开发一种设备大概需要两年时间，而决定其性能的，就是半导体设计公司。因此，将ARM收入囊中，就能在两年之后在这一领域占据有利位置。在胜负博弈中，没有比这更有利的骰子了。

不仅是收购ARM，**孙正义社长总是能得到“预见未来的信息”，把骰子变成有利于自己的形状**。软银集团之所以能在第一时间同美国的雅虎联手，正是因为收购了当时美国最大的IT信息媒体企业“Ziff Davis”和世界规模最大的电脑经销商博览会“COMDEX”，形成了聚集行业最新信息的体系。得益于这一体系，软银集团才能发掘出尚处在起步阶段的雅虎，并率先决定对其投资。这归根结底是因为预测到了“赌骰子的哪一面更赚钱"。

虽然收购 ARM 的价格让整个世界都为之震惊，但这也是因为孙正义社长确信其收益"远远超出了期望值"才会大胆收购。也正是因为他明白最终的回报会超过 3.3 万亿日元，才能坦然地说，"这次收购值了"。

IoT 界的预期增长率原本为 15%，孙正义社长在掷骰子时拥有比任何一位参与者都有利的条件，所以他的骰子就成了一个六个面中有四五个面都是"1"的骰子，极大提高了胜算。

旁人可能会觉得软银集团是在鲁莽冒险，事实上，软银集团从不打无准备之仗。

"大数定律和期望值"理论就是在这样的关键时刻发挥了作用，此外，它不仅能够在判断是否创业时发挥作用，也可以运用到公司未来新产品开发方向的设定上。参照之前的经验，我们假设公司新产品成功的概率为 10%，同种类商品中销售额最高的商品销售业绩为 10 亿日元左右。这时的期望值就是"10 亿日元 ×10%=1 亿日元"。

通过这种计算办法掌握数据，就能对未来有一个具体的把握，同时还能进行粗略的成本计算，比如"期望值为 1 亿日元的话，预算为多少比较合适"。如果觉得 1 亿日元太少了，可以策划一个战略，"将骰子进行变形"，使销售额达到

10亿日元，获得最大利润。

“大数定律和期望值”是一个有用的工具，面对不确定的未来，可以用它来进行有力的把控。

鲑鱼产卵理论

——如何做到低成本持续“遍地撒网”

让骰子变形来提高中奖概率固然重要，但仅仅如此是不够的。即使骰子的六个面中有四个面是“1”，只掷一两次的话也可能会掷出其他数字。因此，成功的关键是要“持续掷骰子直到掷出中奖数字为止”。掷骰子的成功率高达六分之一，所以坚持掷下去中奖的可能性比较大。但是，拿前文风险投资的例子来说，实际成功的概率连“千三（3‰）”都不到，甚至更低。

实际上，软银集团也投资了为数众多的初创企业，迄今为止已经有 1000 家左右。但是，虽然投资的企业如此之多，说得上大获成功的也只有雅虎、阿里巴巴和 Gungho 三家企业而已，真可谓是“千三”了。

鉴于这样的先例和孙正义社长的教诲，我在谈到商业成功率时总会提倡另一种理论——“鲑鱼产卵理论”。据说鲑鱼在产卵时，虽然一次会产 2000 到 4000 个卵，但能成长起来并回游到河里的只有两条。因为若是游回河里的鲑鱼过多，超出河流的承载能力，河流的生存环境就会恶化。如果游回去的鲑鱼少于两条，那么这一种群就会灭绝。因此，为了让整个族群能够安定延续下去，两条是最合适的数量。生物界就是在这样高生产低存活的条件下保持着自身的平衡。也就是说，能够存活下来的都是十分优秀的个体。

风险投资也是如此，在这一领域中，大半数公司注定会被淘汰，雅虎、阿里巴巴和 Gungho 就是竞争中的幸存者。它们在同类中出类拔萃，因而能够在竞争中脱颖而出，取得辉煌的成就。反过来说，要想成为这样的幸存者，就必须首先了解初创企业生存的残酷性，并尽可能地进行投资。孙正义社长正是因为对这一状况了然于胸，才会坚持不懈地一直掷骰子，直到掷出中奖的数字。

降低 “抽奖成本”

上文的种种事例告诉我们，在商界中，“能不能坚持到中奖”是成功的关键。那么，我们该如何在实践中 “遍地撒网”呢？回答这个问题，用 “抽奖箱”来举例比较容易理解。

把在商务往来或在工作中有所成就当成是 “从抽奖箱里抽奖”。在一个装有一百张奖券的箱子里，如果你花一百日元抽一次奖，成功的概率只有 1%，但如果你把手头的一万日元全都砸进去，把一百张奖券都抽出来，就肯定能中奖。这种思路跟孙正义社长投资为数众多的初创企业的道理是一样的。

话虽如此，同样是持续抽奖直到抽中，比起什么都不想全凭手气去抽，选择一个中奖概率更高的抽奖箱更为有利。比起一个一百张奖券中只有一张中奖奖券的抽奖箱，一个五十张奖券中有一张中奖奖券的抽奖箱的中奖概率更高。所以，“选择中奖奖券更多的抽奖箱”就是这一问题的答案。

同时，“降低抽奖成本”也必不可少。当手头只有 1000 日元的时候，在 100 日元抽一次的抽奖箱里能抽 10 次，而在 50 日元抽一次的抽奖箱里能抽 20 次。若是在中奖之前就把手中的资金都用光了，那么 GAME OVER。所以，如果要锲而不舍“一直抽到抽中为止”，降低每一次的抽奖成本至关重要。

孙正义社长不是“预测未来的天才”

在进行风险投资时，孙正义社长将“选择中奖奖券更多的抽奖箱”和“降低抽奖成本”的规则付诸实践，采取了打造合资企业的战略。合资企业由多家公司出资，可以使软银集团自家出的资金降到最低。合资的公司则限定“在美国上市，且股票时价总额 3000 亿日元以上的 IT 企业（20 世纪 90 年代）”。软银集团正是一边降低抽奖成本，一边选择中奖奖券更多的抽奖箱持续抽奖，才最终抽中了雅虎这样的“大奖”。

人们经常把软银集团称作“时间机器经营”，很多人甚至几乎把孙正义社长奉为能预测未来的天才，但是，从我在他身边工作的经验来看，孙正义社长并没有超乎常人的超能力。与其说他是天才，倒不如说他的厉害之处在于，深知“没有人能预测未来”，所以构建出符合逻辑的提升成功率的战略，提高未来成功的可能性。

这种“抽奖箱”的思维方式也同样适用于销售等工作。

①寻找中奖奖券多的抽奖箱→甄别购买可能性高的客户

②降低抽奖成本→思考接近客户最省时省力的方式

③持续抽奖→之后一直坚持这一过程

像这样践行抽奖箱规则之后，就能使成功率上一个台阶。有的人像无头苍蝇一样按照客户名单一个接一个打电话，还有人孤注一掷，不管可能性大小把时间赌在一个人身上，与这些人相比，将抽奖规则实际运用的人肯定会更胜一筹。所以即使同样是“遍地撒网”，熟知规则的人必然会收获更多。

72 法则

——一定要将“复利的力量”纳为己用

“我担心自己公司的将来”最近似乎有不少人都在担忧这个问题。不过在这个连东芝都会陷入经营危机的年代，人们的担忧也在所难免。同时，找我咨询这个问题的人也越来越多了，每当这时，我首先抛出的问题就是：“你们公司所处行业的增长率是百分之几？”

之所以这么问，是因为知道了行业的增长率之后，就能在一定程度上预测对方所在公司的未来。一家公司发展前景如何，与其所在行业的规模紧密相关。简单来说，行业整体空间扩大的话，该行业中的公司发展更为顺利，相反，行业整体空间缩小的话，行业中的公司也容易衰退。

形象地说，问题就是：**“自己坐的是一部上行扶梯还是下行扶梯？”**如果坐上了一部上行扶梯，哪怕自己不动，也会自动随之上升。但如果是下行扶梯，就算自己努力往上跑，所处的位置也会越来越低。所以我会首先确认对方所在的行业是在前进还是在倒退。

假如一个 20 多岁的年轻人来找我咨询，而他所在行业过去 5 年的平均增长率为 –2% 的话，我就会毫不犹豫地劝对方转行。可能会有人觉得“才 –2% 就绝望了吗”。不，这个数字绝对不容小觑。因为**年平均增长率的存在方式不是“单利”而是“复利”**。

单利和复利的区别可以以利息计算来解释。假设本金是 100 万日元，年利率是 10%。单利情况下，利息只从本金产生，所以第 1 年的利息是“100 万日元 ×10%=10 万日元”，而复利，利息从“本金 + 利息”产生。第 1 年的利息和单利一样，是 10 万日元，但第 2 年复利的算式就变成了“(100 万日元 +10 万日元) ×10%”，即产生 11 万日元的利息。到了第 3 年，前一年的利息再次算入本金中，复利的算式就变成了“(110 万日元 +11 万日元) ×10%”，即产生 12.1 万日元的利息。

也就是说，单利每年只会增加定额的利息，而复利的利息会随着年份的增加呈滚雪球式上涨。光看第 2 年和第 3 年，可能还觉得利息的差距不是特别明显。但是，30 年以后会怎样呢？30 年以后，单利产生的“本金 + 利息”总额合计为 400 万日元，然而，令人难以置信的是，复利的总额可以暴涨至 1744.94 万日元！二者的差距足足扩大了 4 倍多。这说明，随着时间变长，复利产生的效果也越来越突出。

这虽是理财方面的东西，但这个计算公式并不仅仅局限于理财方面，放在市场、行业和公司的增长率上同样适用。

把前面的“–2%”放到单利里计算，可能还难以察觉 –2% 带来的影响。但是，行业的增长率以复利的方式存在，其中的负上加负是一种相乘效果，它的负面效果会像滚雪球一样无限膨胀。所以，**从单利角度来看，负增长率影响甚微，但是，从复利角度考虑，并放在一个 10 年、20 年的长时间跨度来看的话，它实际带来的负面效果比想象中要大得多**。

不能待在“持续负增长的行业”！

说到这里大概会有人说“既然复利那么重要，那就快把计算方法教给我啊”，其实这里并不需要特意进行复杂的计算。有一个网站能帮我们轻松计算（参考图 30），只要利用这个网站就能立刻得出答案（高精度计算网站“keisan”，http//keisan.casio.jp/）。

如果不需要精确计算，只是大致预测自己所在行业的未来，可以采用一个简单的心算方法——“72 法则”，利用这一法则可以快速心算出**“需要过多少年才能让营业额达到现在的两倍”**。

方法很简单，用“72”除以年平均增长率。比如，假设一家公司的年增长率为 8%，其“营业额达到现在的两倍需要的年数”就是“72 ÷ 8（%）=9 年”。虽然用这种计算方法只能得到一个近似值，但是结果与准确计算得出的答案十分接近。

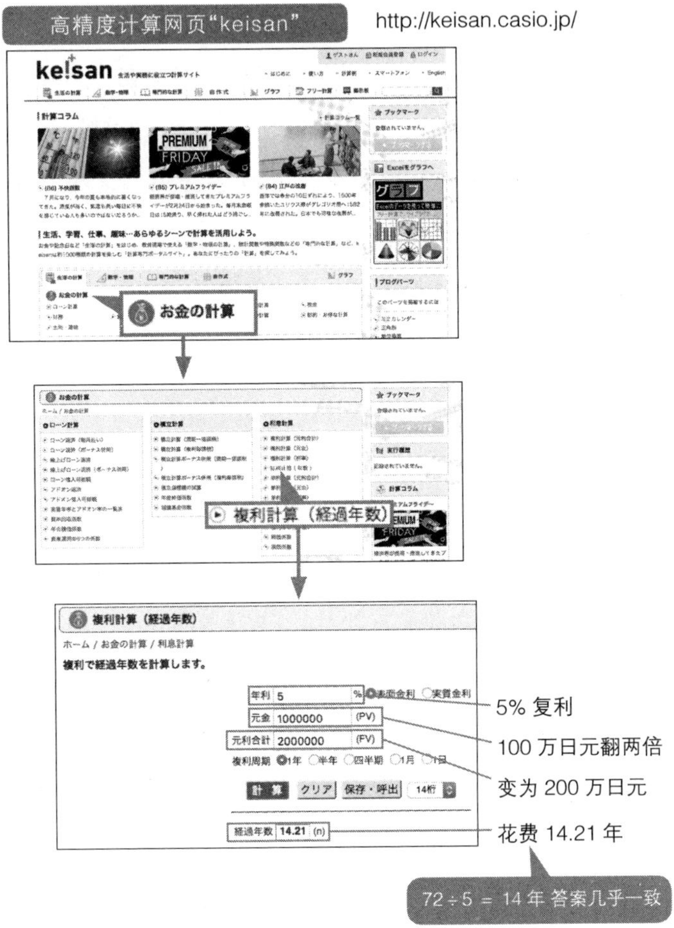

图 30　帮助我们轻松计算复利的网页

运用这个心算公式的话，也能计算“为了达成目标，每年必须保持百分之几的增长率”。例如，“现在的销售额是 10 亿日元，若想在 5 年后扩大到现在的两倍也就是 20 亿日元”的话，计算“72÷5 年”，很快就能得出必须达到“每年

14% 左右”这个答案。**用“72 法则”计算，就能轻松掌握自己所在行业或公司的前景，**前文中提到的年增长率为 15% 的 IoT 领域甚至用不了 5 年市场规模就能翻一倍。

再分析一下公司处于负增长率的情况。这就又回到了开头咨询的问题，为什么面对一个过去5年的平均增长率为 –2% 的行业时，我会毫不犹豫地劝年轻人转行呢？用“72 法则”解释的话就能马上明白其中缘由。

增长率是负值，所以用“72 ÷ 2”算出来的是“营业额变为现在的二分之一需要多少年”。显然，答案是“36”。也就是说，“36 年后行业规模会变为现在的 1/2”。

请允许我举个不太恰当的例子，日本报刊行业现在的增长率刚好是 –2%。2015 年行业整体的营业额大概是 18000 亿日元，那么，到了 2051 年其行业规模就会减半，变成 9000 亿日元，虽说不是骤然减半，但可以预测到未来的发展趋势。这样的事实是不是有些让人震惊？在行业规模减半的过程中，各公司的发展举步维艰，能让现在的年轻人维持到退休时的公司必然寥寥无几，所以我才果断劝年轻人转行。

话虽如此，公司的骨干员工转行并非易事，他们难以舍弃自己在行业积累的经验和技术，一些家庭和个人原因也会成为转行的阻力。那么，如果行业增长率为负，行业内的所有人就只能和行业一起接受未来暗淡的前景吗？当然不是。就算整个行业都在走下坡路，还是会有部分细化的分支领域向前发展。

虽然报刊业整体在走下坡路，但是电子版的市场规模正在持续扩大。另外，也可以将“成长分支领域和成长产业”组合起来，推出“专精 IoT 信息的新闻发布服务”等。

总之，**重要的是要从复利的负面力量中摆脱出来，**也就是尽快从下行的扶梯上下来，换乘上行的扶梯。以上就是针对“对公司未来感到担忧”这一问题的全部答案。

“要知道复利的强大之处和可怕之处！”

随着时代的变化，软银集团也在一次又一次地换乘着扶梯。尽管软银集团一直遵循着“摩尔定律”，活跃的领域主要是 IT 领域，但这并不代表它的发展能力有限，因为它总能率先敏锐察觉到 IT 产业中发展最快的分支领域。软银集团从软件销售起步，先后搭乘电脑杂志出版、ADSL、移动通信和机器人的“扶梯”，现在又计划通过收购 ARM 搭上 IoT 这一“上行扶梯”。软银集团之所以能做到不拘泥于一个领域，如此轻快地连续换乘扶梯，是因为孙正义社长对于复利力量强大之处的了解比任何人都要深刻。

要知道复利的强大之处和可怕之处！

这曾是孙正义社长的口头禅。如果有两家公司，一家追求每年 10% 的增长率，另外一家满足于每年 1% 的增长率，那么在十年或者二十年之后，在复利效果的影响下，两家公司的发展就会有天差地别。正因为深深明白这点，**孙正义社长才会追求始终选择发展势头良好的领域**。

这里我要插一句题外话，在思考日本这个国家的发展时，也不可忘记复利的效果。日本的经济增长率长期低迷，2016 年的实际经济增长率是 1.2%。而同年中国的实际经济增长率为 6.7%。只从这一年来看，二者的差距是 5.5%，但这一数据若是以复利持续 25 年的话会出现什么局面呢？假设日本和中国现在的 GDP 都是 100，25 年后日本的 GDP 是 135，而中国则是 506，二者增长率相差了 370%。正是这一差距使得日本在世界上变得相对贫穷。

2016 年，日本的人均 GDP 位居世界第 22 位。而在 20 世纪 80 年代后期到 2002 年期间，日本的这一排名始终是个位数，之后排名一落千丈。排名之所以跌落，是因为日本人对“复利的力量”认识不足。日本经历了长时间的农耕社会，因此单利的思维方式深入日本人内心，他们只关心类似于“每年收获多少大米”这类问题，并坚信只要埋头苦干，就能有所收获。所以现在的企业也往往只重视单个年份的业绩，认为“不低于前一年的就好”。然而，**现代资本主义社会是在以复利理论运转的，**企业不仅以单个年份的正增长为目标，更要不断成长壮大，增加资本，通过复利的效果扩大公司规模，这种用复利思考的思维模式才符合全球化的标准。日本想要摆脱低增长，重新获得活力，就必须从现在开始，用复利思维武装头脑。

边际效用递减法则

——再好吃的烤肉也会吃腻

问一个唐突的问题，你摘过草莓或者葡萄吗？或者，你有吃过烤肉自助吗？相信很多人都有过这样的经历：这些“吃多少都是同一个价格”形式的服务，就算一开始觉得好吃，一直不停地吃就会吃腻。结果，那些原本很美味的水果或烤肉也会失去吸引力，甚至让人“看了都觉得恶心……”

这种现象在微观经济学中叫作“边际效用递减法则”。从字面上看很复杂，简单来说就是：**随着量的增加，每单位物品所带来的效用会越来越少（递减）**。无论是效用多么好的商品或服务，都无法让消费者体验到无限的快乐。随着食用或购买数量增加，一份商品带来的满足感必定会下降。这一法则不仅适用于食品或兴趣消费，事实上，商务往来和工作事务中很多与“量”相关的事物都适用这一法则。

所谓经济就是“某项投资获得相应效用的活动”。但是，增加了投资量之后，每单位投资产出的效用却下降了的例子比比皆是。比如，当你为了公司产品的促销而在网站上打广告时，往往在最初得到的效果最好，之后效果就越来越差。广告显示前 100 万次时，购买商品的人数稳步上涨，但显示次数增加到 200 万次后，购买人数却没达到预想的两倍。之所以会出现这种现象，是因为“边际效用递减法则”在作祟。

不管是多么出彩的网页广告或网站，浏览的人数都是有限的，“头一回看到这个广告”的人数会随着广告出现的次数而不断减少。这样一来，首次购买商品的人数当然会有饱和的时候。对外委托业务的时候，这个法则也同样适用。我在软银集团工作期间，有过对外委托客服中心业务的经历，在这一过程中对这条法则深有体会。

我曾经向一家代理店订货，起初对方高质量地完成了订单，然而，当它接受了我更大工作量的订单，增加了操作员的数量时，工作质量就迅速下降了。如果是 300 人工作量的订单的话，操作员能够顺利完成，但是，如果接受了 500 人工作量的订单，就会接连出现“优秀人才聚不到一起”“每个人的业务量增加导致离职率上升”等问题。我本来以为如果把订单工作量扩大 1.5 倍，成果也会相应扩大 1.5 倍，但结果完全不同。由此，我深切感受到，“随着数量增加，每单位的效用会下降”这一法则得到了验证。

边际效用递减法则同样适用于个人工作。我在写文章时，一旦字数超过 2500 个字，就会明显感觉到边际效用降低。我并非在夸耀我的工作，事实上，如果厌倦了眼前的工作而无法集中精力，每小时的写作量和文章质量也就会自然而然地下降。这个法则也同样作用于我们每天的工作当中。所以，在日常工作和商业活动中，如果增加了工作量却进展不顺利，请试着回想一下边际效用递减法则，我们很有可能从这一法则中得到启发。把上文的事例套用这一法则，就可以更换成网页广告的媒体和委托业务的代理店。在工作的时候，如果感觉到“明明投入的成本在增加，但是产出却没有增长”，就干脆停下去做别的工作。这样才有可能得到期待的效果。

“边际效用递减法则”可以称得上是存在于一切事物中的普遍真理。为了提高工作效率，请大家务必记住这个法则。

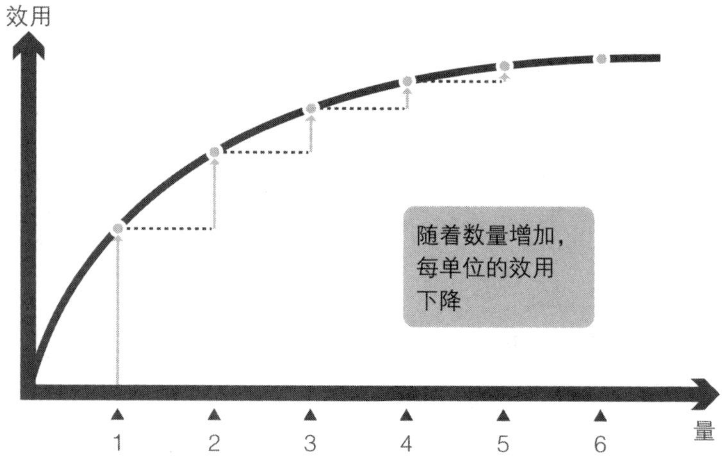

图 31　边际效用递减法则

邓巴数字

——超过 200 人就划分集团

前文介绍的“边际效用递减法则”是指随着数量的增加，边际效用递减。相反，也有当数量的增加超过了一定限度时，边际效用变成负数的情况，这种现象被称为“规模不经济”。例如，在风险投资行业有这样一个说法，“300 个员工是一堵墙”。这是因为，在从创业初期就顺风顺水的公司里，一旦从业人员超过 300 人，管理就会出现难题，管理就会变得困难。

当员工人数尚少时，彼此之间会产生伙伴意识，大家会为了共同的目标，带着饱满的热情投身工作。所以，即使管理松懈公司也能迅速成长。但是，若员工人数超过 300 人，面对更多陌生的面孔和名字，员工之间同属一个公司的归属感开始流失，公司内部间的沟通变得不协调，公司业务的运作也漏洞百出。对此，我们可以采用新的管理方法，以防公司变成一盘散沙。这种新的管理方法将会决定我们是否能够摆脱“300 人”的限制。

“量的增加反而不利于发展”，这种情况在生意场上也并不少见。它并不只是经验所得，在理论方面也得到了证实。这个理论便是“邓巴数字”，它是由英国的人类学家罗宾·邓巴提出的假说。罗宾·邓巴主张“能够维持集团稳定的个体数量是有上限的”，并将其上限值称为“邓巴数字”。

邓巴表示，人类保持稳定社交网络的人数上限是“平均150人(100—230人之间)”。大家应该会对这个数字产生共鸣。在小学和中学里，假设一个班有30人，一个年级有5个班，那么把整个年级学生的脸和名字对号入座应该是没有问题的。但是，如果一个年级有八九个班级的话，认识本年级的全部学生就没那么容易了。

在我知道的一家初创企业中，当公司员工超过150人时，组织内部的协调性就明显地降低，所以现在该公司会定期组织集体活动，以促进员工之间的相互交流。这虽然和我最初提到的“初创企业的300人边际说”在人数上略有偏差，但是，“集团的上限值”的存在是毋庸置疑的。

减少成员数，共同体更稳定

那么，了解了邓巴数字，能够在生意和工作的哪些方面有所帮助呢?

邓巴数字可以在职工数量众多、组织运转迟缓的职场中发挥作用。在这种职场中，组织内的人数有可能已经超过了邓巴数字，所以我们可以有效采取对策——分割组织，将各个小集团人数控制在邓巴数字之内。

Yahoo!BB 的客服中心在鼎盛时曾雇用了多达 3200 名操作员。虽然业务本身是委托给代理店的，但是由于代理店的供应商较少，所以经常出现一个代理店雇用 400 ~ 600 名员工的情况。面对如此庞大的员工数量，公司管理根本无法做到面面俱到。现场的管理人员无法充分了解全体员工各自的技能，也无法把握其工作状态，而且人数增加也更容易产生人际纠纷。随着工作环境的恶化，员工不断辞职，招聘和培训的成本也增加了。

面对眼前的困境，我必须要着手寻找解决对策。当时，我虽然不了解邓巴数字，但对“初创企业的 300 人边际说”略有耳闻，所以我想：“可能是组织人数的过度增长导致了公司运转的混乱。”于是，我就把员工每 200 人划分为一组，分别安排工作。我想：“如果初创企业超过 300 人工作就不能顺利开展的话，那我们就把人数控制在 200 人以下吧。”了解了邓巴数字之后，我把人数准确地控制在了 100 ~ 230 人之间。对人数进行调整之后，工作现场更易于管理，辞职的人数减少，操作质量也逐渐稳定，这完全归功于“以邓巴数为基础，分割组织”的策略。

这个策略可以在多种情况下灵活运用。我公司运营的一个叫作 toraiz 的英语学习项目规定：每个教室中学生的数量标准是 200 人。200 人的话，公司的顾问能对学生的长相和名字对号入座，而且即使教室在座的学生不是自己负责的学生，也可以为他们加油鼓劲，让学生干劲十足。另外，学生们互相了解，也有利于他们建立学习伙伴关系，增强团队意识。而且，举办了学生交流会之后，来上课的学生越来越多，因为有了朋友，学生们的学习欲望也进一步增强。所以，我们坚持不再增加教室内的学生数量。

从事例中可以看出，邓巴数字往往能在团队构建中发挥作用。所以管理者请一定要有效利用邓巴数字。

魔法数字 7

——一位上司能顾及的下属最多 7 人

即使参照邓巴数字，将集团的人数控制在 150 人或 200 人以下，一位管理者也不可能直接管理多数员工。经常有经营者抱怨没有优秀的管理者，其实即使是有能力的人，其所顾及的范围也是有限的。那么，一个管理者最多能够关照到几个人呢？我认为是 7 个人。当然，这也有理论依据的。

其中一个就是“魔法数字 7”法则，美国的认知心理学家乔治·米勒提出：人类短期记忆的容量大约在 7 个左右。在桌子上撒硬币的时候，人在一瞬间能够发现的数量大约是 7 枚。也就是说，如果眼前的硬币多于 7 枚，就很难一下子看清硬币的数量。在经营学上也有一种“跨度控制”的说法，表示“一个上司能直接管理的范围”，并将这一人数规定为“最多 7 人”。

这些理论揭示了一个事实：人类很难处理超过 7 的大数字。一周 7 天的规定大概也是遵照这个原则产生的吧。对于我们人类来说，每 7 一循环，也是最容易接受的。

如果你作为一名管理者觉得“团队运转不顺利”“不能很好地关照部下”的话，不妨把自己直接管理的人数定为 7 人以下试试吧。若是需要管理 30 人的团队，就可以从中选取 5 人作为自己的副手，并分别为其分配 5 个成员，让副手分别管理。这样做的话，不论是在队伍顶端的自己，还是在第二层的 5 个人，都可以在自己可控的范围内进行管理。

Yahoo！BB 的客服中心也采用多重构造。它有 13 个上级单位，其下分置数个下级单位，下级单位领导现场队伍。这样将整体划分为人数较少的组织，并设立组长、副组长、小队长，降低了管理的难度。人数少的话，即使是管理能力较低或者管理经验尚浅的人也可以轻松运营团队。这样就不需要特意寻求有能力的管理者，让普通的管理者尽其所用，取得应有的效果。

在考虑开新店的时候，如果能随时意识到“7”这个数字也有利于店铺的经营。如果业绩良好就盲目增设新店，总部就无法完全掌控分店的情况。如此一来，就会出现一个恶性循环：总店的指导和支援不到位，分店失误不断，服务质量下降，客源流失。这种情况在发展势头迅猛的饮食行业和零售行业的新兴企业中屡见不鲜。

要解决上述问题，可以采取这样的策略：“东京的店铺数量增加了就把东京区域划分为两部分，并在各区域内设立管理人”“东京的分店区域扩大的话，则进一步分为两个区块，分别设立区块管理人”，通过增加管理层把一名管理人直接管

理的人数控制在 “7” 左右。

常言道，“**大事化小，小事化了**”，即使是棘手的工作，也可以将其细化成小事来处理。“魔法数字 7” 和 “跨度控制” 这两项运用广泛的法则为管理层中各种各样难题的解决提供了可能性。

创新扩散理论与新摩尔定律

——为了不止步于“发烧友”

世界上有许多划时代的创意商品、服务和技术，它们深受一部分发烧友的喜爱，但是却无法进一步开拓市场，于是，不知不觉间，它们的身影就从市面上消失了。那么，一个新产品要普及到什么程度，才能在市场中生存下来呢？“创新扩散理论”和“新摩尔定律”用明确的数据回答了这个问题。

“创新扩散理论”是斯坦福大学社会学者埃弗雷特·罗杰斯提出的理论，它根据消费者购买商品的态度，将消费者分为以下五类：

· 创新者（Innovator）：即积极接受新鲜事物的人，占市场总体的 2.5%。

· 早期采用者（Early adaptor）：即对流行敏感，能自主搜集信息并进行判断的人。作为流行先锋，能给其他的消费层带来巨大的影响，占市场总体的 13.5%。

· 早期大众（Early majority）：即对选择新鲜事物持谨

慎态度的人，占市场总体的 34%。

· 晚期大众（Late majority）：即对新产品持怀疑态度的人，只有当社会大众普遍接受了新鲜事物时，他们才会采用，占市场总体的 34%。

· 落后者（Laggard）：他们是最保守的人，不关心社会变化，只有当流行成为主流的时候他们才会接受，占市场总体的 16%。

归类之后，罗杰斯又提出了“普及率 16% 理论”。该理论认为：创新者和早期采用者的数量加起来占整体数量的 16%，这个 16% 就是决定创新能否扩散至早期大众和晚期大众的分歧点，超过 16% 后商品就会迅速普及。

在这个理论中，最受重视的是早期采用者。创新者注重新奇感，不看重商品的实用性和优点，所以创新者的行为不一定会与大众产生共鸣。而早期采用者是因为重视其使用价值才购入商品的，在将商品的好处传达给其他消费者时更有说服力和影响力。因此罗杰斯认为，“若想普及某商品，面向早期采用者进行营销十分重要”。

对此美国营销顾问杰弗里·摩尔提出了另一个理论——“新摩尔定律”。他在对高科技产业进行分析后提出“早期采用者和早期大众之间有着难以跨越的鸿沟（断层）”。摩尔认为，即便新商品普及到了早期采用者阶层，若不能跨越这个鸿沟，也无法在市面上流行，该商品也最终会从市面上消失。

因此，只招徕早期采用者是不够的，积极在早期大众中展开营销活动是必不可少的环节。

创新扩散理论

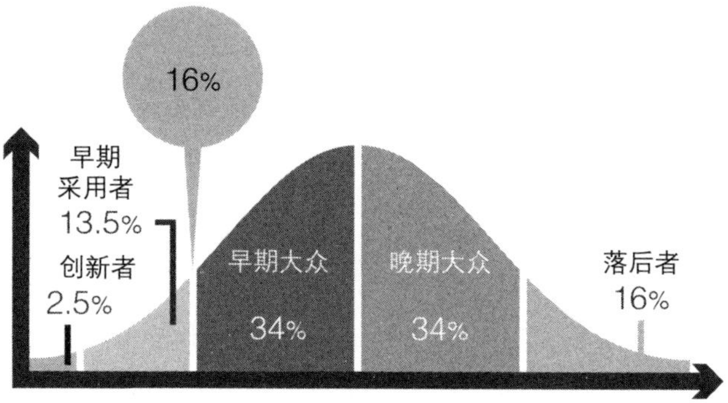

超过16%的线之后，创新便会迅速普及渗透，因此面向早期采用者进行营销十分重要

新摩尔定律

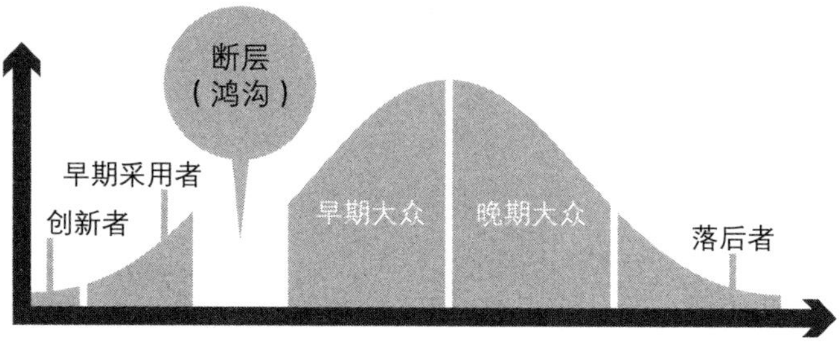

早期采用者和早期大众之间存在着鸿沟，只招徕早期采用者是不够的，也要积极地在早期大众中展开营销活动

图 32 “创新扩散理论”和“新摩尔定律”

iPhone 与黑莓命运的分水岭

iPhone 和黑莓的发展轨迹就阐释了这一条定律。2007 年，第一代 iPhone 手机在美国发售，2008 年 7 月 11 日，软银集团在日本国内独家发售。与此同时，2008 年 8 月，欧美商务人士常用的智能手机——黑莓开始在日本发售，这与 iPhone 的发售几乎是同期的。当时，NTT DoCoMo 公司也开始面向个人用户提供“黑莓网络服务”。

此前两年，黑莓虽然已经进入了日本市场，但当时它主要将法人作为客户群体，而且服务多用英语。所以人们认为，NTT DoCoMo 公司面向个人提供服务，是为了与 iPhone 展开竞争而采取的策略。

当时的行业人士大概会认为这两个产品会形成势均力敌的竞争关系。然而，一家调查公司在两者发售时，对日本用户进行的认知度调查却得到了出乎意料的结果。iPhone 的知名度在发售开始之前就已经高达 52.3%，在发售前的 5 天内更是飙升到了 74.7%。也就是说，在发售前，大部分的手机用户就已经知道了 iPhone。反观黑莓，在发售前它的认知度仅有 12.8%，没能跨越“鸿沟”，知道它的人基本是喜欢新鲜事物，了解 IT 设备的少数发烧友。

对两者的了解途径也能证明这一点。在知道 iPhone 的人当中，有 71.5% 的人是通过“报纸、杂志、电视、广播”等渠道得知的，而知道黑莓的人中有 43% 的人是通过“电脑、手机”等网络渠道得知的。也就是说，知道黑莓的人仅限于平时能熟练使用 IT 工具自主收集信息的创新者和早期采用者。而另一方面，知道 iPhone 的人则大多是通过媒体渠道获得信息的。

iPhone 通过媒体一下子吸引了还未了解智能手机的早期大众和晚期大众，轻轻松松就跨过了“鸿沟”。当然，这是软银集团精心策划的营销战略。孙正义社长的绝招就是：举行盛大的记者招待会和新闻发布会，在开始发售前充分利用媒体提高商品和服务的知名度。

iPhone 和黑莓之后的发展也如同这两个数字一样，出现巨大的差异，走向了完全不同的方向。众所周知，现在 iPhone 手机的发售数量占日本智能手机总发售量的 50% 以上。按操作系统分类，iPhone 的市场占有率高达 70%。相反，黑莓迟迟无法扩大用户群体，最终于 2017 年 3 月悄然结束了其网络服务业务。

对于制定营销策略的人来说，“创新扩散理论”和“新摩尔定律”非常重要。为了让投入了时间和热情研制出的新商品和服务不至于昙花一现，请一定要牢牢记住这两个理论。

第 5 章

软银集团的“三维经营模式”：适用于任何商业活动，效果惊人

孙正义社长是当之无愧的“数据化工作法”的高手。孙正义社长通常被认为是凭借天生的直觉和感觉成功的天才经营者，但其实他的经营和工作是由数学思维和数据支撑的。本章为全书的总结，将以软银集团的经营战略作为具体事例，分析数据化工作法的运用。其中会重点分析与我渊源颇深的 ADSL 业务 Yahoo!BB 的案例。

17 年前，创办 Yahoo!BB 的时候，员工只有包括我在内的 3 个人，办公室也仅有一间。在孙正义社长的带领下，我们在东京都一个小小的多用途大楼内开启了创业之旅。在那之后短短 4 年多的时间里 Yahoo!BB 的用户就突破了 500 万。在此基础上我们开始涉足固定电话业务和手机业务，软银集团实现了飞跃式发展。

飞跃式发展的背后是数据化工作法在各个领域的充分运用。软银集团当时的知名度和社会信用度与现在无法相比，还处于创业阶段。软银集团证明，即使公司品牌知名度低、资金不足、人才匮乏，只要善用数据化工作法也能获取巨大成功。

这个案例研究一定会对你的事业和生意有很大帮助。

软银集团如何在经营中运用数据化工作法

正如本书第 1 章所讲，孙正义社长和软银集团的经营基本上离不开以下五个数据：

- 客户数量
- 客户单价
- 客户停留期
- 客户获取成本
- 客户维系成本

公司的长期营业额用“客户数量 × 客户单价 × 客户停留期”这个公式计算，

从中减去成本就是利润，所以营业利润可以用如下公式来表示。

（客户数量 × 客户单价 × 客户停留期）－（客户获取成本 + 客户维系成本）

虽然看上去很简单，但实际上这正是商业活动中最重要的公式。销售额和利润不能尽如人意地增长，多是因为没有控制好 5 个数据中的某一个。如果能将“客户数量”“客户单价”“客户停留期”最大化，“客户获取成本”“客户维系成本”最小化，那么就能将公司的利润最大化。软银集团为实现利润最大化，在经营公司的同时，也不断地对这五个数据进行调整。我将这种经营方法命名为软银集团的“三维经营模式”。其发展阶段大致划分如下：

第 1 阶段：增加客户数量

第 2 阶段：提高客户单价

第 3 阶段：降低客户获取成本和客户维系成本

第 4 阶段：延长客户停留期

那么，孙正义社长和软银集团具体是怎样实现这 5 个数据的最大化和最小化的呢？另外，本书介绍的数据化工作法又是如何运用的呢？接下来我将以自成立以来与我渊源颇深的 ADSL 业务 Yahoo!BB 的案例为中心进行分析说明。

现在软银已成长为总市值 10 兆日元的企业，精细的体系化早已非当日可比，但其基本的想法和战略至今仍未改变。也正因此，对于现在那些在这 5 个数据指标上存在问题的企业和行业都能从这个数据化的案例中得到启发。

首先增加“客户数量”，一举成为行业第一

“三维经营模式”的第1阶段是“增加客户数量”。忽视客户单价与成本，将精力首先集中到客户量最大化一点上。出现亏损也没关系。在事业的成长期，即使花费再大的成本，也要扩大客户量，一举成为业内第一。这正是孙正义社长的冲刺法。创建Yahoo!BB的时候也使用的这个方法。而且是以超乎寻常的客户量为目标的。

“订100万台调制解调器吧！”我们简直不敢相信自己的耳朵。在软银集团进入ADSL领域业之前，已经有少数公司在做ADSL业务。但无论哪一家的客户数量都在几万人左右。订购100万台意味着足足多了两个“0”。尽管如此，在业务开始前，孙正义社长还是亲自在调制解调器的订单合同上签了字，断绝了自己的后路。

为什么要如此追求客户数量呢？首要的原因是客户量越多就越能降低产品和服务的单价。订购100万台调制解调器也是因为这个原因。现有的ADSL运营商一年顶多订购大约一万台调制解调器，如果订购100万台的话，调制解调器的

单价便会大幅下降。所以，Yahoo!BB 能够以当时难以想象的低价向客户们提供服务。客户们每月仅需缴纳 2830 日元，其中还包含调制解调器的租赁费用。当时 ADSL 业务的平均价格是每月 6000 日元左右。Yahoo!BB 以更加便宜的价格，为客户提供同样的服务，因此具有了压倒性的竞争优势。从开始受理服务申请以后不到 3 个月，就收到了超过 100 万份申请书。就这样，软银集团在极短的时间内就登上了 ADSL 业务中客户数量第一的宝座。

在当今时代，若是没有压倒性的客户数量，就无法在竞争中取得胜利。这种现象在 IT 以及数码产品行业中尤为显著。产生这一现象的背景是技术进步，单一商品能够实现低价量产。被称为光刻技术的印刷电路板技术已经成熟，只需要在半导体产品的底板上设计好回路，之后便如同打印机印刷一样完成操作。现在已经可以实现低价量产了。结果，在 IT 和数据的世界里就产生了这样的一个竞争法则，“能最大限度地降低成本，扩大数量的人将获胜”。

孙正义社长为何对我发怒

追求客户量的第二个理由是，成为具有压倒性优势的第 1 名后，公司在市场竞争中便会保持不可动摇的地位。为便于理解，在此以网络拍卖为例进行分析。在委托人最多的网站上，竞买人大量聚集。竞买人越多，委托人也越多，形成一个良性循环。这样人、物品和资金都集中于人数最多的网站，不再向外分散，该网站便可以借此确立其行业第一的地位。这是一种被称为“**网络外部性**”的现象，该现象表现为“享受同样资产和服务的人数越多，从该资产或服务中获得的便利也就越多”。

一举成为业内客户数量第一名之后，网络外部性便会发挥作用，客户量会进一步增加，形成良性循环。这其实也表明了“**只有成为第一才能生存下去**”的道理。孙正义社长很了解这一残酷的事实，所以他执着地追求着客户数量。

软银集团在日本开展“雅虎拍卖”业务时，为了战胜当时在世界上占有最多市场份额的 eBay，取得用户数量上的第一名，采用了免服务费的战略。结果，“雅虎拍卖”的客户数量迅速增加，力压当时收费的 eBay，在日本以压倒性优势占据了首位。2003 年 eBay 被迫撤出日本市场（之后在 2007 年，eBay 公司创办了 Shop Airlines, Ltd. 公司和拍卖网站 sekaimon，并与雅虎展开合作，现在仍持续提供着服务）。

在刚开始做 Yahoo!BB 项目的时候，我还没有理解占据客户数量第一的位置意味着什么。因此当时向孙正义社长提出了这样的建议：“一下子在全国范围内开展规模达 100 万件的业务是鲁莽的，先在东京市内开展局部业务，然后再一边确认质量和运营是否存在问题一边逐渐扩大范围吧。”我刚说完，孙正义社长就生气了，当场驳回了我的意见。

当时我目瞪口呆无法理解，直到现在，我终于明白了孙正义社长这样做的理由。我的提案是非常理性的想法，然而在孙正义社长看来如果这样不慌不忙地展开业务，在这个竞争激烈的时代里是无法生存下去的。事实证明，孙正义社长的判断是正确的。

既然要做，就做到“提起 ADSL 就想到 Yahoo!BB”的程度，我们取得了使其他公司放弃进入市场的压倒性优势。这就是孙正义社长的作战方针。

大家是否知道“兰彻斯特”战略？由于该战略已经被各种各样的书详细解说过，所以本书不再进行详细说明，当把它应用于市场营销战略时引出了如下内容：“若能确保市场占有率为 73.9%，那么其他所有强有力的竞争对手就算加起来也仅有 26.1%，两者之间有三倍的差距，前者就具有绝对的优势。”总之，若一家企业的市场占有率达到七成，则是无法被其他公司超越的，因而公司将处于安全地位。

如果你知道这个法则的话，就能明白为什么“雅虎拍卖”几乎席卷日本市场，而 eBay 铩羽而归了。我不知道孙正义社长对该战略的解读深入到了哪一步，事实上在 20 世纪 90 年代左右，他一直在读关于兰彻斯特战略的书。我认为他大概就是在那个时候了解并接受了“多于自己三倍的敌人是打不倒的”这个理论。从孙正义社长采取的策略来看，他确实深受兰彻斯特战略的影响。

从这个故事中我们可以看出孙正义社长不是单纯依靠直觉和感觉来经营，他的经营理念中存在可靠的数字思维和理论支撑。

“宣讲营销”提高知名度，吸引潜在客户

“我知道应该增加客户数量，但软银是如何做到这一点的呢？”要说明这一点，需要认识到“客户”存在三个阶层。

1. 潜在客户（了解产品，但未使用过）
2. 试用客户（免费试用过）
3. 正式客户（付款使用产品）

购买产品或服务的客户大部分都经历了 1 → 2 → 3 三个阶段。想要获取商业利益，就要获得“正式客户”，为了实现这个目标，增加“潜在客户”是必不可少的。那么，应该如何增加潜在客户数量呢?

方法便是“提高认知度”。正如第 4 章所说，这正是孙正义社长的拿手好戏。不过，并不是大量地做电视广告或者媒体广告。孙正义社长的做法是举办大规模的记者招待会和新品发布会，通过报纸和电视新闻进行报道。用所谓的“宣传”手段通过大众媒体进行广泛传播。软银集团的必胜绝技

就是向各个阶层的人群传播商品或者服务的相关信息，提高其认知度。然而，只是举办记者招待会也不一定会被媒体报道。因此，为了提高报道价值，孙正义社长常常准备有冲击性的数据和材料。而且，大部分都是在业务开始前的三个月内发布。

Yahoo!BB 也是按照这个套路来举行记者会。记者会的举办时间是 2001 年 6 月，实际开始业务的时间是 2001 年 9 月，提前了三个月。而且还通过公布 ADSL 的连接费用，提高了报道价值。顺便提一下，在这个记者招待会上登场的孙正义社长穿的是优衣库的衬衫。这也是借用优衣库“低价优质”的形象进行的另一种宣传。备齐了这些材料就不愁成不了新闻。记者招待会后，报纸和电视都对 Yahoo!BB 进行了报道。而且，不是刊登在报纸角落的寥寥几笔，而是大段的详细描写。结果，自然就获得了“网络用户无人不知”的知名度。

因为孙正义社长经常举行这种声势浩大的发布会，所以软银集团也被揶揄是“宣讲营销”企业。然而若是想通过打广告来获得同样的效果，则会花费巨额费用。如果在报纸的头版刊登广告的话，就必须支付数千万日元的费用。然而软银集团的宣讲营销则仅需支付举办招待会的场地费。仅需花费少量的费用就能获得与广告宣传同样甚至更好的效果，这可以称得上是最高明的经营手法了。

刚才我说过了，三维经营模式的第一阶段是“增加客户数量”。但是实际上，在这阶段之前存在着被称为“Phase 0”

的阶段，即“提高认知度＝增加潜在客户”。所以软银集团才得以在初期阶段获得压倒性的客户数量。

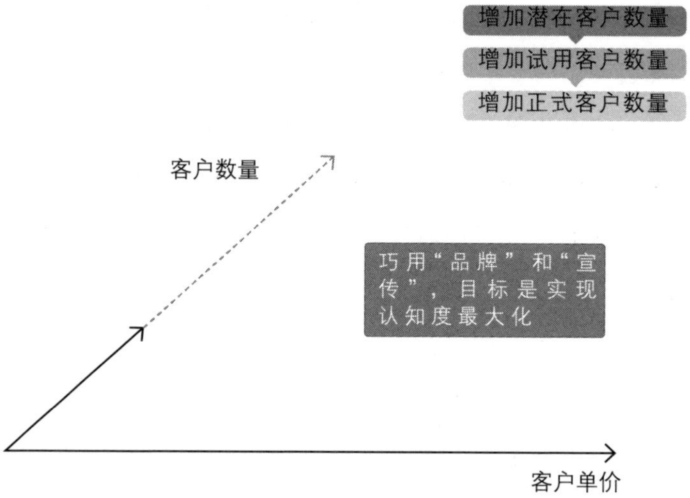

图 33　三维经营第一阶段　增加潜在客户数量

巧用“品牌”“人流”

孙正义社长还有一个提高认知度的方法。那就是“品牌”。众所周知，Yahoo! 原本是美国一家门户搜索网站的品牌。因此在日本开展业务时，我们并没有设想过在搜索服务之外的业务中使用这个名字。而孙正义社长则决定用 Yahoo!BB 的名义开展 ADSL 业务。

那个时候搜索引擎 Yahoo! 这个品牌在日本已经有了很高的知名度。孙正义社长判断，使用这个品牌能促使不熟悉 ADSL 业务的普通民众迅速接受该业务。如前所述，当时的软银集团还是知名度和信用度都很低的初创企业。若是以“SoftBank BB”命名的话，客户数量就未必会增长得如此迅速了。

孙正义社长还巧妙地利用了“人流”的影响。2008 年 7 月 11 日，iPhone 首次在日本发售。软银集团旗下的商店前排起长龙，电视新闻反复报道了这一盛况。其实这里面也暗藏玄机。其他店的发售时间是中午，报道中的表参道店则是早上 7 点开始发售。事先公布该店提前发售 iPhone 的消息。这样 Apple 的粉丝和喜欢新鲜事物的人们就会提前在店门口排队，从而营造出一种火爆的购买气氛。实际上在 iPhone 发售前几天就陆续有人在表参道店前露宿排队了。这是极好的新闻素材，孙正义社长正是知道这一点，才有意制造了让媒体大肆报道的氛围。

孙正义社长的做法是一举跨越“鸿沟”

像这样在业务的初期阶段就迅速提高民众认知度，增加潜在客户，一举跨越“鸿沟”的做法，就是孙正义社长的必胜绝招。

实际上在 ADSL 行业，只要走错一步就会像本书第 4 章中介绍的黑莓手机一样陷入绝境。当时通信行业普遍认为“ADSL 的受众仅为少数发烧友”。因为费用高，又必须要自己设置调制解调器，所以 ADSL 被认为是只有熟悉因特网的人才能使用的服务。行业也普遍认为 ADSL 是“面向发烧友的利基产业”。

虽然 ADSL 费用高、操作复杂，但因其具有创新性，所以创新者和早期采用者仍会购买。然而若不做改变的话，市场规模仍无法扩大。用户数量少、订单少，导致产品单价居高不下。无法激发普通客户对新鲜事物的好奇心和购买欲。而软银集团从一开始就是抱着打破这个现状的决心来展开营销的。软银集团的目标群体不只包含创新者和早期采用者，也收纳了早期大众和晚期大众。正是因为有这个目标，孙正义社长才能毫不犹豫地订购 100 万台调制解调器。

这种做法被称为“**渗透战略**”，即在业务开展初期，致力于以低价手段获取市场份额的战略。它的前提是客户数量（= 销售数量）增加，每单位成本自然下降。考虑获取成本则是之后的事情。与软银集团的策略完全相反的是“**高价战略**”。该战略的做法是向喜欢新鲜事物的人们售卖高价商品，从中获利。想在利基市场中生存下去，这种战略也是一个不错的选择。

孙正义社长采取了一举跨越“鸿沟”的战略，软银集团因此受益，以其他公司无法比拟的速度取得了飞速成长。“**软银集团不存在‘鸿沟’**”，软银集团常被人这样评价。压倒性的冲刺速度正是软银集团强大的秘诀。

开展免费试用活动，增加试用客户数量

想要通过提高认知度增加潜在客户的话，接下来要做的就是增加“试用客户”。在这个阶段，应重点关注**“如何突破客户的心理防线”**。

面对新商品和服务，除发明者和早期使用者之外的普通消费者普遍都抱有这样那样的疑问和担心，比如“这个产品真的好吗？”“用了之后不会发生什么问题吧？”等。消除他们疑虑最好的办法就是请他们试用该产品或服务。而且，对客户来说**无风险的试用**非常重要。

如果客户在金钱和时间方面感觉到负担，哪怕只有一点点，也会对“试用”产生心理障碍。在推广 Yahoo!BB 时，公司实施了无风险试用战略，举办了“调制解调器免费试用活动”。活动内容是免费为客户提供调制解调器并连接 ADSL，两个月之内不收取任何费用。而且不仅是免费试用，还免了调制解调器的安装费用。发烧友虽然能轻松地完成设置，但一般人会认为“自己做很麻烦”。所以需要解决的不仅是金钱方面的问题，在时间和精力方面也需要减少障碍。

之前的ADSL企业的目标客户仅是可以轻松接受每月1万日元费用的少数发烧友，因此每家公司的客户数量基本都停留在3万左右。但是，若想把ADSL业务推广到普通大众群体，且在初期就获得100万规模客户的话，用“口头说明商品的好处以谋取顾客”这种传统的方式就太花费时间。所以请客户实际试用一下是最直截了当的方法。这种方法能将包括金钱和时间在内的用户成本降到最低。

一说“免费”不免引人怀疑是否有诈，但它确实是吸引试用客户最快速可靠的方法。**“试用免费且一切无需您费心”**面对这样的宣传，即使是戒心很强的人一般也会放下戒备选择试用。

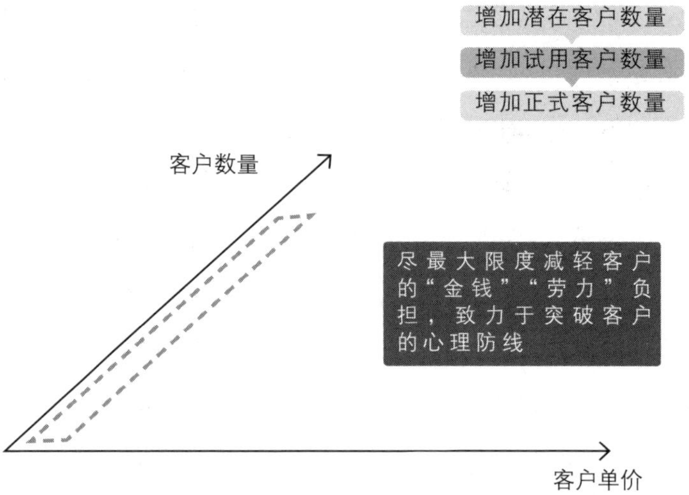

图34　三维经营第一阶段　增加试用客户

软银集团在吸引客户战略中极其重要的第一步便是承担初期成本，吸引客户试用。

“流程分析”使客服中心的投诉数量急剧下降

认知度的提高和免费试用的大获全胜使得 Yahoo!BB 刚开始受理预约就立刻收到了大批申请。这一点虽然也在孙正义社长的意料之中，但软银集团面对如此多的试用申请当时还没有一个完善的应对体制。就是在孙正义社长大张旗鼓地举行记者会的时候，其实这项业务也才刚刚起步，堆积如山的问题正亟待解决。

要想开展 ADSL 业务，需要借助 NTT 的线路和大楼建立自己的网络。为此，必须与 NTT 商户进行交涉，逐一递交申请，办理一系列麻烦的手续。而且，NTT 用户受到多种条件限制，如 “在 ISDN 区域无法使用”“家里的电话线路装有警戒系统就无法使用” 等，相当麻烦。

亟待解决的问题太多了。虽然我们收到许多试用申请，但却难以为客户开通 ADSL 并办理相关手续。结果，公司接到了大量 “申请了却开通不了” 的投诉。在客户接连不断的投诉下，客服中心也一度崩溃。尽管免费活动攻破了客户的心理防线，但如果不能马上试用而且客服也打不通的话，客户就会想 “那算了” 从而放弃申请。如果不能把好不容易找到的试用客户变成 “正式客户”，软银集团就一分钱也赚不到。公司上下忙得不可开交的时候，孙正义社长像往常一样对我说道："三木，你去想办法解决这件事！"

我立刻赶到客服中心，用本书第 3 章中介绍的"流程分析法"解决问题。出现"明明申请了却不能用"的情况是因为从"申请"到"开通"的流程中业务出现了停滞。如果将业务分成数道流程来处理，提高成交率，就能解决问题。我将业务流程分为"申请""NTT 申请""NTT 内部工程""客户的宅内工程""开通"等，分别调查了每个流程业务停滞的 NG 次数。调查后发现，因为电话线路的户主信息出现错误，很多客户向 NTT 提交的申请都没有通过。有的人独居时用父母的名义申请了电话线路，却在申请 Yahoo!BB 的时候忘记了这回事，写了自己的名字。很多客户都是出于这种原因而申请无法通过的。

找到了这个问题，我就知道下一步应该怎么做了。为了使营业负责人在处理申请时更好确认电话线路的申请人信息是否正确，需要制定专用的核查表。如果线路户主信息错误的话该申请将不被计入申请客户数，同时也不支付代理商相应的激励报酬。即便如此依然还是有申请人信息填写错误，这种情况下，就需要为申请人设置能打电话报错的专用客服中心……这些措施的实施减少了从"申请"到"开通"所需的平均天数，客户的投诉也由此大量减少。

"成交率管理"将试用客户变成正式客户

运用流程分析法，不仅仅是为了减少客户的投诉和咨询。

为了提高将试用客户转为正式客户的概率，我们把每个流程数据化，并检查其成交率。刚才我们简单介绍了线路开通前的业务流程，但实际上在此之前还有一个流程。

“申请”→“NTT 申请”→“NTT 内部工程”→“客户的宅内工程”→“开通”→“维护运营”→“收费”

直到最后一步流程，试用客户才会成为给软银集团付钱的“正式客户”。我测算了每一道流程的成交率，如果成交率低就立即采取对策，同时还测算了每一家委托销售的代理商的成交率。A 公司有 75% 的申请人转为付费的正式客户，B 公司却只有 50%。后者必然存在有待改善的问题。这样一来就能得到代理商和销售渠道的数据，一旦从中发现问题就能立即采取措施。

如果不增加收费客户，就达不到软银集团三维经营模式第一阶段“增加客户数量”的目的。通过流程分析来进行彻底的管理，提高成交率，是能否进入第二阶段的关键。

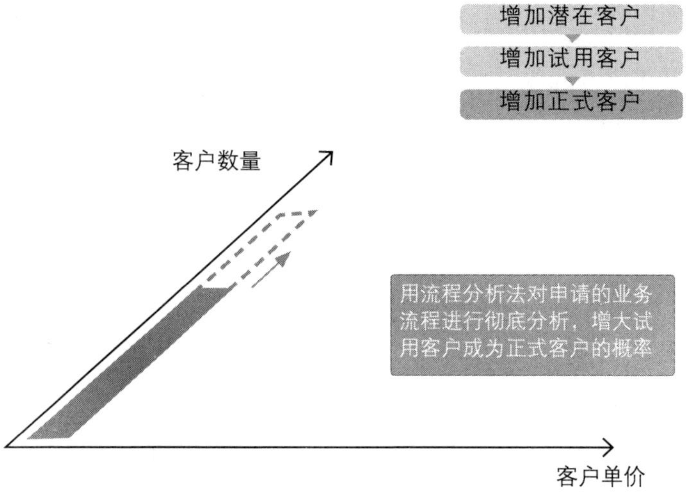

图 35　三维经营第一阶段　增加正式客户

高附加值的附加服务能有效提高“客户单价”

完成“增加客户量”这一阶段后，接下来就可以进入第二阶段“提高客户单价”。第一阶段的重点是客户数量的提高，应该有“即使是免费的客户也要尽可能增加”的想法。第二阶段则应在客户单价的提升方面下功夫，这一阶段可以用下面的数学公式来表示。

客户数量 × 客户单价 = 销售额

长期销售额与客户停留期有关。这里的“销售额”指的是一年或短时间内的销售额。通过提高客户单价，将销售额最大化是“三维经营模式”中第二阶段的目标。那么，如何提高客户单价呢？软银集团采取的战略是“提供高附加值的附加服务选项”。

大家可能听过“Foot in the door”这句话。这句话一开始是说推销员在上门推销时，一旦让对方开了门，就会伸出脚抵住门，这样对方就无法拒绝。也就是说，最初可以从“能稍微开一下门吗”这样的小请求开始，如果能营造一个容易得到对方同意的情况的话，即使我们提一个再大一点的要求也容易得到对方的同意。就像这样，客户一旦买了某种商品或服务，在考虑购买相关产品时心理防线就会相对降低。特别是如果能展示产品“成套买更划算”“组合购买会更加方便”等优点的话，客户就会觉得“要不把这个也买了吧”，对相关产品的抵触也会越来越小。那么也就更容易向客户推销相关产品。

我们对 Yahoo!BB 的客户，也进行了“Foot in the door”式的相关产品推荐，从而提高了客户单价。ADSL 服务刚开始运营时的客户单价是 2000 日元。而五年后的 2006 年，客户单价涨到了 4395 日元，增长了一倍多。之所以能够有这样的业绩，是因为我们积极进行了**组合销售**。

从 Yahoo!BB 开始服务约一年半后的 2002 年年底，软银集团开始提供“Yahoo ! BB12M + 无线网包”服务。这是将 ADSL 的“Yahoo !BB”和 IP 电话“BB 电话”与无线网服务(每月 990 日元)相结合的业务，每月费用共计 4533 日元。如果向已经开通了这项业务的人说“只要再加 990 日元就可以无限制地使用无线网了”，那么客户就会认为“还挺划算的”。在吸收新客户时营业厅的店员也会向客户推荐，“您现在开通 ADSL 服务的话，如果同时开通无线上网功能会更加方便”，这样的做法有利于提高服务申请人的客户单价。

另外，在申请时我们也没有忘记降低客户对新业务的心理防线，进行“新客户最多可免费开通两个月的无线网包业务”的促销活动。虽然现在大多数家庭都有无线网，但当时大部分人都还在用有线网。在家里的任何地方电脑都能联网，甚至是游戏机等设备也能联网，这种无线网服务给予用户的是完全改变以往生活方式的便利。一旦适应了那种快捷方便的生活，相信没有人会再刻意换回有线网。因此，只要客户们申请免费安装，几乎就都会变成正式客户。于是，我们以ADSL这一主要业务为中心，通过劝说客户购买附加产品，使软银集团的客户单价不断提升。

“组合销售＝顺便买”是高利润率的“赚钱买卖”

不仅是软银集团，很多公司都采用了这种组合销售。例如，向买了车的客户推荐“如果不打蜡的话，车身就容易变脏”“以防万一，要不要为您安装车载安全设备呀”等等。因为客户刚刚决定要买一辆数百万日元的汽车，如果是几万日元左右的打蜡或车载安全设备的话，客户就会想“那就顺便办了吧”，心理上更容易接受这时的推销。正是利用了这一点，汽车销售员才能够提高客户单价。

对于私人健身会所来说，向客户推销营养品是其重要的收入来源。来这里的人都是为了保持体形，所以不仅要接受训练指导，还需要限制饮食。于是就会有工作人员介绍说，“有一款独创产品能够补充平时在饮食中摄取不到的营养”，以此来让客户购买附加产品。这种营养品虽比市面上卖得要贵一些，但是那些已经花了更大的价钱在健身房健身的人却会欣然接受。

不论是汽车销售还是健身房推销，我们会发现那些已经决定买更高价商品的客户对于组合销售的心理防线相对更低一些。同样对于卖方来说，**为了让客户购买第一种商品需要付出相当多的代价和努力。与之相比，让他们购买附加产品简直轻而易举**。而且，车身打蜡和营养品都是成本非常低的商品。哪怕只有几万日元的额外营业额，对公司来说也是利润高的“赚钱买卖”。虽然组合销售有这么多好处，但遗憾的是还有很多企业没有将其付诸实践。

我们再来复习一次“客户数量 × 客户单价 = 销售额”。如果公司存在“无法提高销售额”的问题，不妨想想“怎样在增加客户数量的同时提高客户单价？”

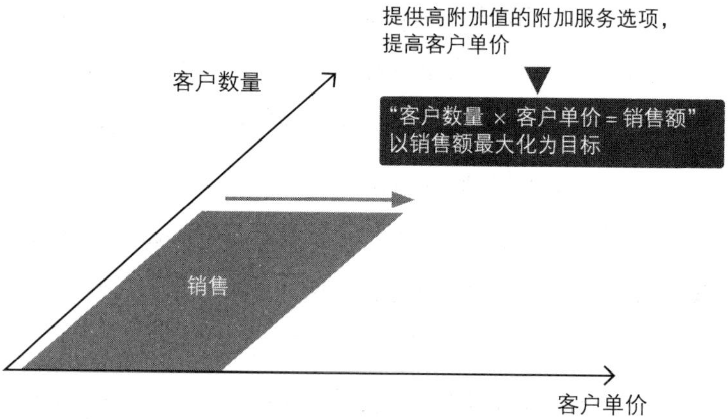

图 36　三维经营第二阶段　提高客户单价

“同时”尝试所有销售方法和渠道

从第一阶段的“增加客户量”到第二阶段的“客户数量 × 客户单价”，实现了“线”到“面”的转变。这就是三维经营模式的第二维。在这个阶段，孙正义社长的做法就是尝试所有的销售方法和销售渠道。

当然，“Yahoo!BB”也采取了这个战略。而且，不是一个一个地尝试，而是“同时”尝试，委托销售的代理商已经增加到了几十家。另外，还在日本全国数千个地区的街头插着太阳伞派发调制调解器做宣传。其规模和数量之大在当时的通信领域前所未有。说一句题外话，孙正义社长曾亲自召集代理商的员工，指导他们派发调制解调器的方法。孙正义社长在数百名员工面前配合着动作和手势激动地说：“如果和行人目光发生交汇，你就马上这样把东西递给他！”孙正义社长亲自在现场指挥，大规模开展促销活动也是谋求销售额最大化。

如果是其他公司的话，不论是对代理商还是促销活动的地点，大概会想“先做几个试试吧”。但是，**孙正义社长坚**

持“通过同时大量的尝试，用数据来验证结果，从中寻找最好的方法”。这么做的原因之一是考虑到本书第4章介绍过的“鲑鱼产卵理论”。能够存活下来的新公司或新型业务原本就很少，所以就得尽可能多抽签，多抽多中。正因为明白这个道理，孙正义社长认为应该同时进行大量尝试。与其尝试100个不如尝试1000个，与其尝试1000个不如尝试10000个。

另一个原因是这么做能大幅提高比较验证的速度和准确性。如果像其他公司一样“先小规模地尝试一下，检验其结果，在此基础上再尝试其他方法”的话，不知道要多久才能试完所有方法。假设在一家代理商进行尝试，得出结果报告要花三个月的话，那么20家代理商就得花五年时间。而在你做这些事情的时候，周围的环境和条件都在逐渐发生变化，就像iPhone一夜之间改变了手机市场一样，全新的商品和服务突然出现，在市场掀起巨变，这样的事比比皆是。如果真那样，那么现在公司所进行的所有尝试都将付之东流。在你还悠闲地进行着各种尝试的时候，胜负早已见分晓。

并且，在尝试的过程中，比较验证的前提条件也可能会发生变化。即便好不容易统计了数据，一年后消费者的行动也可能随着经济环境的变化而变化。即使得出了“B代理商比A代理商的客户数量少”的数据，如果其测定时间相距几个月或一年的话，“对A代理商进行测定的时期经济环境好”“对B代理商进行测定的时候却正值夏季萧条期”等，就能用这样那样的借口去解释。也就是说，我们无法客观地判断这一数据是否有意义。

数据化比较的大前提应该是具备测算条件。因此，像孙正义社长那样，“同时”进行尝试非常重要。“如果一举进行大规模尝试的话，受的损失岂不是更大？”相信有人会有这样的顾虑。但是，在本书第 1 章中也提到了，软银集团在一开始就做好了失败的准备。无论是成功还是失败，都是“实践的结果”。大量的实践结果有助于提高数据的准确度。在正确数据的基础上，迅速开展下一步行动的话，就能准确而快速地完成第二阶段的目标——销售额最大化。孙正义社长和软银集团的员工们一致认为，重要的不是“成功或失败”，而是最大限度有效利用所有结果，使其服务于数据化管理。

“不懂多变量分析的人今后请靠边站”

那么，在尝试了所有方法拿到结果之后，应该着眼于什么来验证数据呢？

这里要提到的就是软银集团经营模式的基础“五个数据”之一的“客户获取成本”。正如本书第 1 章中提到的，要想最终使公司利益最大化，就必须想办法降低客户获取成本。

软银集团的做法是，先想办法增加客户数量，接着提高客户单价，然后再采取措施降低成本。这时需要用到本书第 2 章介绍过的“多元回归分析”。孙正义社长曾让我们用多元回归分析法对 Yahoo!BB 调制解调器的街头分发结果进行透彻的分析。孙正义社长对包括我在内的软银集团所有干部放话，

“不懂多变量分析的人今后请靠边站”。就这样我们习惯了运用多元回归分析法对 “卖场面积”“阳伞前道路的人流量”“兼职人员数量、熟练度”“到车站的距离”“天气”“星期几和时间段”等多个因素进行分析。

通过多元回归分析可以了解到每把阳伞（调制解调器分发点）的客户获取数量受何种因素影响。这样，就能知道如何更有效率地吸引客户，降低客户获取成本。假设根据多元回归分析的结果，发现 “阳伞前道路的人流量”对客户获取数量的影响最大。那么，在人流量少的地方分发产品就意味着成本浪费。对此，我们应该做的就是从人流量少的街道撤离，花心思租借人流量大的场所进行产品分发。再进一步使用多元回归分析法，我们还能得出 “某地进行阳伞促销活动能降低的客户获取成本”这类具体数据。就能像这样轻松得到预测值 “现在共有 10 家店铺每小时的人流量达到 1000 人次以上，如果要增加到 20 家的话，客户获取成本就会下降 25%”。

多元回归分析法能够这么详细地告诉我们 “下一步怎么做”，怪不得孙正义社长热衷于此，还让我们也学着做。如果不进行多元回归分析的话，就不会知道在众多影响因素中具体哪一点影响了结果，这可能导致公司朝错误的方向前进。“客户获取数量不见增长，要不要多插几把阳伞呢？”出于这种考虑，有的人会在人流量少的场所设点。这样做的结果就是，客户获取数量不见增长，场地费和人工费反倒增长了，导致客户获取成本不断上升。进行多元回归分析，就能弄清楚应该优先改进哪方面。

此外，**在多元回归分析中如果得出的“预测值”和“实测值”有出入，能够迅速发现二者差别**，也是其优点之一。如果某分发点的客户获取量与预测值相差太多，这就意味着某种因素发生了变化。如果实测值小于预测值，有可能是因为“附近新开了购物中心，店前人流量突然减少了”等周围环境发生了变化。这时就必须立刻采取对策，比如改变销售点，举办吸引人流的活动等等。反之，如果实测值多于预测值，则可能是因为“临时员工认真研究了如何分发调制解调器，收下产品的人大幅增加了。”这类难以察觉的改变在发生作用。如果能够将这种分发的方法分享给其他代理商的话，一定能够更有效地提高客户获取量。

不管怎样，只要常常查看预测值和实测值的差量，就能够迅速找出问题并察觉一些好的改变。那些没有进行彻底的数据化管理，忽略这些信息的公司会被软银集团远远超过也就不足为奇了。

分别计算和分析各销售方法、各渠道的人均客户获取成本

在分析“客户获取成本”时，我们不仅通过多元回归分析得出了预测值，还全面测算了实测值。这里要用到的是“分别测算”，这也是数据化工作法的基础。

在测算 Yahoo!BB 时，我们也是将所有销售方法和渠道分开测算的。这时的销售渠道不是只有代理商。从网络营销、电话推销到上门推销，我们尝试了所有的销售方法。

但是这样不能了解每种渠道的客户获取量。因此，我们在申请书上给代理商进行编码，并且对“街头促销”“Web”“电话销售”“上门推销”等销售方法也进行了编码，并制定了精准记录客户获得过程的机制。这样一来，管理客户获取成本就变得十分容易了。例如，如果向 A 代理商支付 100 万日元，能够获得 100 位客户的话，那么人均客户获取成本便是 1 万日元。而如果 B 代理商和 C 代理商的客户获取成本分别为 8000 日元和 15000 日元的话，就能够对代理商的成果进行合理的比较。同样的，我们在测算其他销售方

法的客户获取成本时也得到了“电话销售是人均 12000 日元，街头促销是 9000 日元”这样的结果。

我已经说过很多次，必要的数据必须自己通过测算得到。特别是开拓新业务时，公司还没有完善的数据收集机制，我们就要自主制定。软银集团的员工们认为，根据新业务的发展阶段制定必要的数据化机制是再正常不过的事。

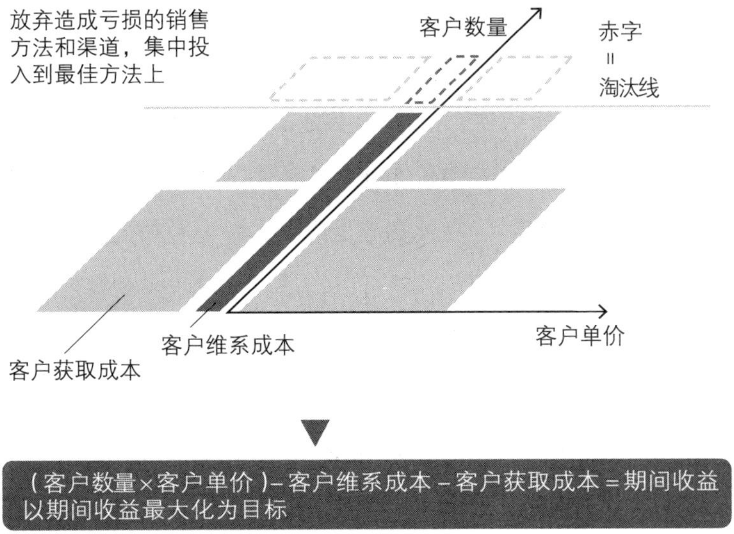

图 37　三维经营第三阶段　降低客户获取成本和客户保留成本

从四年连续亏损到扭亏为盈

虽然软银集团一直在不断探索“怎样才能降低客户获取成本”，但实际上是从 2005 年开始才实现公司利益最大化，扭亏为盈的。其实从2001年开展ADSL业务开始，软银集团连续四个季度都处于亏损状态。如果连续五个季度都亏损的话，会被取消上市资格。

处于这种险境，一般人定会方寸大乱，但孙正义社长却没有。因为孙正义社长对于如何盈利心中有数，这种岌岌可危的连续亏损只是战术需要。而支撑着这种险招的正是数据化管理。

Yahoo!BB的套餐大约是每个月4500日元，一年的人均客户单价约为54000日元。此后，会员数顺利增长，于2003年中期突破300万人次，在第二年的2004年3月份突破了400万人次。如果把客户单价54000日元乘以客户数量的话，就可以计算出销售额。在此基础上减去客服中心和公司维护费用等“客户维系成本”，就可以知道应该投入多少客户获取成本。也就是说，我们可以反推“要实现盈利，需要把客户获取成本限制在多少？”

另外，关于“客户获取成本”，正如本书第4章反复介绍的那样，当时已经采取了提高客服中心的业务效率等降低客户获取成本的措施。如果能在推算出的预算范围内筛选出客户获取效率高的销售方法和渠道，就可以在正确的时机实现盈利。

如前文所述，软银集团通过多元回归分析、对各类销售方法和渠道进行彻底的数据化管理，顺利找到了“应该主要找哪家代理商”“集中在什么地方办街头促销好”等问题的答案，同时也掌握了各渠道的平均客户单价。

而且，由于采取了提高客户数量和客户单价的战略，销售额逐年增加。2001 年的销售额为 4000 亿日元，2004 年的销售额就达到了 8300 亿日元，增长了一倍。其实我们是能再提前一点开始盈利的，但是**孙正义社长的选择是即使延长赤字的时间，也要尽可能地尝试更多方法**。如果得到更多的实测值，验证的准确度也会提高，也就能通过采取最优方案，最终达到实现公司利益最大化的目的。

对于最优方案的执着让软银集团从 2005 年开始顺利扭亏为盈。同年营业额达 600 亿日元，第二年的 2006 年达 2700 亿日元，持续增长。在连续亏损的四年里，可能在外人看来软银集团貌似在业绩不佳的状态中苦苦挣扎。其实软银集团一直在默默地尝试所有能想到的方法，并为达成目标坚持进行着数据验证。

软银集团如何进行业务策划

孙正义社长之所以能够自信地面对岌岌可危的连续亏损局面，是因为他知道“数据化分析可以预测未来”，并且数据化越彻底，其精确度也越高。所以我们的业务策划也有很高的精确度。

正如本书第 2 章所说的，软银集团在最初阶段并没有进行周密的计划，而是在“DO”之后，在其结果的基础上制作出了高精确度的“PLAN”。如果有必要，已经设定好的 KPI 也会根据实测值不断调整。因此我们设定的数据化目标也有比较高的精确度。也正因如此，员工们的努力才更有意义。

但是在很多企业，不少企业管理层常常不切实际地制订一些没有任何依据的数据目标，丢下句“边干边想”就扬长而去。很多企业的员工为了那种不切实际的目标工作得身心俱疲，反而失去了工作动力。

另外，在业务开始运作后的数据管理方面，软银集团的做法也和一般公司大不相同。很多公司会在开始工作前花大把的时间琢磨出周密的计划，其一旦业务开始运行，就只有计划中的预算管理能够派上用场。但是，工作开始前制订的计划终究是纸上谈兵。付诸实践后就会发现，预测值基本上都会和实测值有偏差。因此，软银集团的业务策划是实行后才开始制定的。实时掌握最新数据，使用多元回归分析等方法验证后不断对业务策划进行调整和修改。如果实测值与目标值相背离的话，从前线员工到高管都会思考如何改善，快速进行 PDCA 循环（计划→执行→检查→调整）。这样一来，业务策划本身也会不断改进，这便是软银集团的 PDCA 循环。

孙正义社长有一句口头禅：**“商业计划要做一千种。”**也就是说，要一边测算各种数据，一边把这些数据套用到数学公式，用所有能想到的方法算出预测值。所以在对数据进行比较后，才会得出“如果客户获取成本上升到 12500 日元的话，那到 2005 年是不可能实现盈利的。果然需要与客户获取成本 10000 日元以上的代理商解约”的判断，选择最优方案。

而其他公司虽然在工作开始之前就拼命地制订计划，但在业务开始之后，就不再调整计划了。这些工作开始前制订的计划，再如何变通也就三种剧本：“乐观的”“正常的”“悲观的”。结果，最后只能靠前线员工们的努力和毅力来尽可能地想办法解决问题。然而，如果想要让业务策划真正变得有意义，有时需要自上而下地修改商业计划。孙正义社长之所以是一名优秀的管理者，正是因为他能够在必要时迅速做出判断。

正是因为软银集团常常与数据打交道，使每份业务策划像血液一样有条不紊地运行，才能在竞争中获得压倒性的、长久的优势。

应该对哪些客户采取积极行动

如果实现盈利，也加固了业务基础，那么最后需要留意的数据就是“客户停留期”。

到目前为止我们看的都是单年度内的营业利润，但是进入这个阶段后，就有必要用本书第 1 章介绍的公式来考虑公司的中长期营业利润。

营业利润 =(客户数量 × 客户单价 × 客户停留期)−(客户获取成本 + 客户维系成本)

增加客户数量，延长“线”后乘以客户单价变成“面”，然后再加上客户停留期这一“时间轴”，就能做出一个“立方体”。

到此为止，软银集团的三维经营模式终于完成了。不过孙正义社长本人评价这种经营模式是“牛口水一样又臭又长”，但他就是偏要这么干。

考虑到客户终身价值 (LTV)，孙正义社长战略性地选择了

“长期”业务。不论是ADSL、手机还是智能手机，应该很少有人会刚签约就要解约。虽说如此，仍有一些人在中途与其他公司签约，但也有人连续十年以上都是和软银集团签约的。因此到了这个阶段，就得采取**“从成为客户到不再是客户的期间=客户停留期”的战略，尽可能延长顾客的签约时间，重要的是未来实现公司利益的最大化。**

如果是开通了一段时间的业务的话，我们还可以得到数据化的“客户停留期”。于是软银集团分别测算了不同销售渠道、销售方法和促销活动的客户停留期。就能得出“在家电专卖店里组合购买ADSL和电视机的客户，客户停留期较长”这类实测值。

并由此推断：“不懂IT的消费者更容易在购买电视后被推销购买ADSL。”所以，一旦我们为他们免费安装无线网之后，他们就不会再和其他公司签约了。相反，从网络上申请安装的人很多都对网络比较熟悉，所以如果有了更便宜的业务，他们就会立刻和那家公司签约。因此，数据显示这些人的客户停留期其实并不是很长。

如此，只要掌握了客户停留期，我们就能分辨出哪些是应该积极争取的客户，哪些不是。如果一位一年支付4万日元的客户连续办理三年业务的话，那么他给公司带来的销售额是12万日元。在获取这位客户时，即使前期花了8万日元的客户获取成本，后期也能得到4万日元的利润。然而，虽然有的客户一年支付6万日元，但是如果在第一年就解约的话，那个客户给公司带来的销售额就是 6 万日元。如果在这个人身上花费 8 万日元的客户获取成本，就会造成 2 万日元的亏损。因此，我们可以判断出最好不要对这一层次的客户积极采取行动。

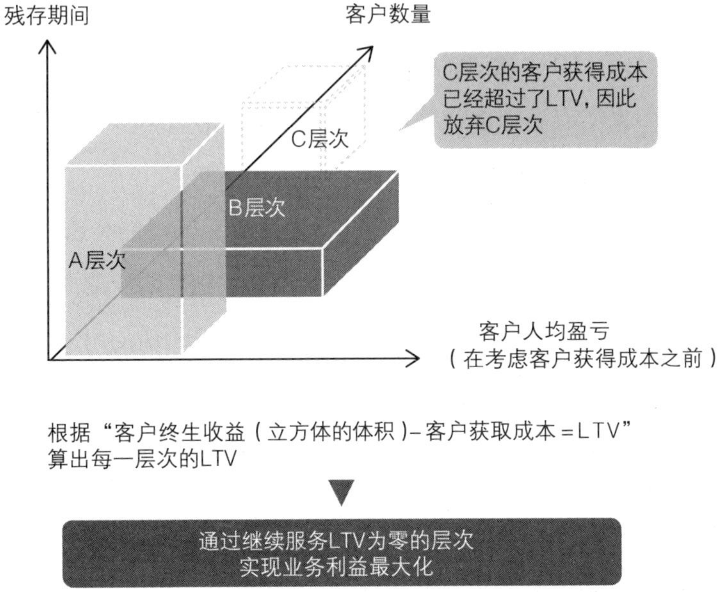

图 38　三维经营第四阶段延长停留时间

实际上为了留住已经购买商品的客户还需要花费一定的成本，客户的终身价值可以用以下公式计算得出：

（客户单价 × 客户停留期）–（人均客户获取成本 + 客户维系成本）

据此可以算出每个客户层的终身价值，进而淘汰客户终身价值为负数的客户，积极争取客户终身价值大于等于零的客户。这就是实现业务利润最大化的方法，也是软银集团所追求的最优方案。

今天，LTV 意识将决定成败

如果能有意识地计算客户终身价值，那么你对客户获取成本的看法也会改变。

如果一个人只能看到一定时间内的盈亏，可能会这么想："客户人均年销售额是 4 万日元，那就必须把客户获取成本控制在 4 万日元以下。"但是，如果从客户终身价值的角度分析数据的话，就会这么想："这个客户层的平均客户停留期是 3 年。4 万日元 ×3 年 = 12 万日元，还可以投入更多的客户获取成本。"如此一来，胜负已见分晓。

假设两家公司的客户获取成本分别为 4 万日元和 12 万日元，那么毫无疑问，后者能够获取更多客户。因为后者在促销和宣传上比前者投入更多成本，这些付出一定会有实实在在的收获。**也就是说，重视客户终身价值和不重视客户终身价值的公司之间的竞争，就好比一个赤手空拳的人对战一个驾驶战车的人，力量悬殊。**

相信现在大家都明白软银集团为什么在各业务领域都能遥遥领先了吧。

Yahoo!BB 的业务刚开通时，我们在许多地方插上太阳伞，向过路的人分发调制解调器。一些人对此嗤之以鼻：“怎么在这么寒酸的地方卖东西？”“连老人和小孩都分发调制解调器，这是搞什么呢？”即便如此，正因为试遍了所有方法，获取了大量数据，软银集团才能创造出以数据化管理为骨干的精密的三维经营模式。

现在软银集团的总市值（该股票收盘价乘以上市股票数）已经达到了 10 万亿日元，孙正义社长立下豪言壮语：“到 2040 年我们要达到 200 万亿日元。”这一目标看似天方夜谭，但我相信最后一定会实现。我之所以这么确信，是因为我明白，孙正义社长的这句话背后有本书所介绍的数据化工作法做支撑。

结语　在这前途未卜的时代里，我们要勇于冒险，勇于“尝鲜”

我离开软银集团已经十多年了。虽然我后来和孙正义社长大概一年只能见一次，但我一直都在用从孙正义社长那里学来的数据化工作法管理公司。

“TORAIZ”一年英语学习计划于 2015 年启动，归功于数据化工作法，我在短时间内召集了 1000 名学员。而且还不断有新学员报名，就连免费咨询服务也需要预约，这都多亏了孙正义社长的数据化工作法。

一个从零开始的事业能够在如此短的时间内走上正轨，正是因为我一直在运用数据化工作法，它让我的经营管理具备了扎实的根基。回首在软银集团的日子，我们之所以能从内心感慨“这真是个相当不错的公司”，就是因为软银集团一直贯彻着**“数据面前人人平等”**的原则。

只要是用数据说话，不论是孙正义社长还是新入职员工，其发言都会受到同等重视。好坏不由谁的主观意志决定，而是基于数据进行客观且直观的判断，这正是软银集团特有的企业文化。

当然，通常都是孙正义社长最先提出自己的意见，但他并不过分坚持自己的意见，而是灵活接受下属的各种提案并尝试各种方法。剩下的就只需用数据来验证这些方法的结果，从中选取最优方案即可。即使最后筛选出的最优方案不是自己的提案，孙正义社长也完全不介意。

“不管是谁提出的，选最能赚钱的方法就对了！”我想孙正义社长一定是这么想的。很多高管都认为“只要乖乖听上级命令就好了”，而我认为孙正义社长只看重“能否达成目标”的这种精神十分值得尊敬。

利用“6:3:1”理论控制风险

相反，很多企业还是会根据“是谁提出的”来做决定。如果上司说“乌鸦是白的”，部下就很难否认。部下会想“反正就算我说‘乌鸦是黑的’，上司也不会听我的，说不说都一样”从而放弃反驳。我认为，这种放弃思考的现象正是导致企业和组织加速衰退、逐渐失去活力最重要的原因。

过去，上司和高层通常比下层人员懂得多，“按照上级指示做事”可能也是聪明的做法。但当今时代日新月异、充满不确定性，**即使是过去有过成功经验的上司，也不知道如何解决现在正面临的问题**。因此，即使部下提出新的提案也会害怕失败，觉得“不知道行不行得通”而放弃挑战。正是因为大多数上司都抱有这样的想法，所以部下们也渐渐放弃了对新事物的挑战，而这正是很多企业的现状。

但是在商业活动中，不冒一定的风险则无法取得成果，正所谓“富贵险中求”。那么，在这个充满变数的时代，要怎样冒险进行挑战呢？我认为这个问题的回答应该是“6:3:1”理论。

骤然改变已有的所有做法风险确实很大，因此**我们应该将工作按“6:3:1”的比例划分，首先在一成工作范围内尝试新方法**。这就是将该理论运用到经营上的要点。例如我们可以试着把之前在同一家公司签订的10%的订单分给一家新开的公司。即使这家新开的公司没有拿出我们预想的成果，那我们的损失也只有最小限度的10%，而想要弥补这些损失并不难。

如果新公司取得了我们预想的成果，那么下次就可以将订单的30%交给他们，空出来的10%则继续找其他新公司合作。像这样只在部分范围内进行新尝试，如果发现了更好的方案，那么总量的30%和60%也依次按照这种方案去做的话，就能“在控制风险的同时挑战新事物”了。

即便是在风险容忍度很低的日企，实行这种方法也能够增加挑战新事物的机会。但是，想正确使用这种理论，需要用数据来实时验证新方法的可行性，并及时进行修改和完善。

正因为未来充满变数，我们更要基于数据冷静分析，为可承受的最大风险画出底线，摸索前进。全面贯彻了这一做法的正是孙正义社长，正是软银集团。即便是像孙正义社长这样的杰出管理者也不是一开始就知道该怎样做的。他们只是手握“数据化”这一武器，用超越常人的速度找到了正确的解题方法。然而在旁人眼中，他们就像拥有预知能力一样。

数据化将改变你的职场和公司

当然，数据化工作法并不是只能解决管理方面的问题。它对你每天所做的工作也有很大帮助。如果你现在有什么烦心事的话，请先按照“分解问题、数据化、分析、实施解决方案、用数据验证结果”这一循环过程来尝试。你的人生一定会发生改变。

而且，尝试新事物永远令人愉悦。我也曾多次体验过“原来数据化还能解决这种问题”的激动心情。如果能够迅速解决之前没能解决的问题，工作效率也会提高。

如果你能和你的团队、部门等分享数据化工作法，你们一定能取得更好的成果。即使一开始，不过是一个组织的一小部分在变化，但如果这一小部分，即你的团队产生出前所未有的价值，那这变化就会逐渐扩散甚至影响其他组织。如果数据化工作法使下层人员有了改变上层人员的力量，想必整个公司都会因此改变。

希望本书介绍的数据化工作法能够使你充实地工作，并为你的职场注入活力。我相信，如果这样的企业增加了，整个社会都会变得更加有活力。我衷心期盼那一天的到来。

二〇一七年七月

三木雄信

图书在版编目（CIP）数据

孙正义的超强数据化工作法 /（日）三木雄信 著；杨玲 译. — 北京：东方出版社，2018.10
ISBN 978-7-5207-0582-0

Ⅰ. ①孙…　Ⅱ. ①三… ②杨…　Ⅲ. ①孙正义－生平事迹②风险投资公司－企业管理－经验－日本　Ⅳ. ①K833.135.38②F833.133

中国版本图书馆CIP数据核字（2018）第208497号

孙正义的超强数据化工作法
（SUN ZHENGYI DE CHAOQIANG SHUJUHUA GONGZUOFA）

作　　者：［日］三木雄信
译　　者：杨　玲
责任编辑：陈丽娜　刘　峥
出　　版：东方出版社
发　　行：人民东方出版传媒有限公司
地　　址：北京市东城区东四十条113号
邮　　编：100007
印　　刷：北京联兴盛业印刷股份有限公司
版　　次：2018年10月第1版
印　　次：2018年10月第1次印刷
开　　本：880毫米 × 1230毫米　1/32
印　　张：8.125
字　　数：153千字
书　　号：ISBN 978-7-5207-0582-0
定　　价：49.80元
发行电话：（010）85924663　85924644　85924641